NECTAR & PULSE®

Genieße den Nektar,
spüre den Puls.

Tanja & Christian Roos

# Glücklich in München

Der Reiseführer für Genießer und Entdecker

Süddeutsche Zeitung Edition

# Inhalt

# 1. Willkommen

Herzlich willkommen in München. „Wenn man sich eine Stadt in seinen Träumen ausmalen würde, käme sie München doch schon sehr nah: groß genug für Anonymität, aber klein genug, um sich geborgen zu fühlen. Die Nähe zu den Bergen, rund herum Seen, die wunderschöne Isar, die sich malerisch durch die Auen zieht, Plätze mit Geschichte und eine gewachsene Architektur über ein halbes Jahrtausend." – Bele Muff
Wir freuen uns, die schönsten Orte dieser traumhaften Stadt in diesem Reiseführer mit euch zu teilen.

# Hallo!
## Schön, dass Du da bist.

München ist eine Stadt mit unheimlich vielen Klischees und Stereotypen. Viele davon sind wahr und sind auch der Grund, warum es hier so lebenswert ist. Die Italiener nennen es Monaco di Bavaria. Darin schwingt die typische italienische, hedonistische Art zu leben mit, die hier in Bayern gepaart wird mit deutschem Leistungsstreben. Es entsteht ein herrlicher Ort zum Leben: coole Coffeeshops und romantische Kaffeehäuser, schicke Weinbars und traditionelle Wirtshäuser, Biergärten im Grünen und internationale Ausstellungen in neuester Architektur, Jazz-Clubs und Elektro-Clubs, unabhängige Galerien und altehrwürdige Museen. Alles findet in einem Rahmen statt, der geprägt wurde von Königen und Regenten, Weltkriegen, Künstlervereinigungen, Studentenrevolten und Schickeria – und natürlich durch die Isar, die Alpen und die zahlreichen Seen im Umland.

München bietet vieles. Das Beste daraus teilen wir hier. Man wird auf seiner Reise nie alles sehen können. Daher fokussieren wir uns auf das Wesentliche und teilen mit Euch die für uns ungewöhnlichsten und schönsten Orte auf den folgenden Seiten. Zusätzlich befragen wir inspirierende Locals zu ihren Lieblingstipps und lassen sie in unseren Reiseführern zu Wort kommen. Wir nennen sie Local Soulmates. Daraus entsteht eine spannende Mischung aus originellen und authentischen Orten, an denen man die Seele baumeln lassen, den Moment genießen und das Glück in jeder Zelle spüren kann. Ob als Paar, als Familie, mit Freunden oder alleine – für jeden Bedarf gibt es die richtige Adresse. Ganz nach dem Motto: Das Leben ist eine Reise.

In diesem Sinne wünschen wir eine glückliche Zeit.
Genieße den NEKTAR. Spüre den PULS. Diesmal in München.

Herzlichst

Tanja & Christian

# München Stadtteile

## *Infos zum Guide:*

> Über den QR-Code findest du eine große Karte, in der alle Tipps mit Adressen verzeichnet sind.

> Die einzelnen Kategorien und Viertel sind farbig markiert, so dass du dich schnell orientieren kannst.

> Die Tipps sind entweder nach Viertel oder nach Thema geordnet, so dass du sowohl als auch suchen kannst.

> Besondere Tipps findest du zusätzlich noch in unseren speziellen Lieblingslisten am Ende des Buches (die schönsten Ausflüge, Seen, Hide-Aways, etc.).

Damit steht einer glücklichen Zeit in München nichts mehr im Wege. Schönes Entdecken!

## ALTSTADT-LEHEL

In der Altstadt spürt man Münchens Kultur und Geschichte. Der Marienplatz ist geografisches und touristisches Zentrum, von dem aus man unzählige Sehenswürdigkeiten zu Fuß entdecken kann. Nebenan lädt der Viktualienmarkt zum Schlemmen ein, ein Stück weiter die Fünf Höfe zur Einkaufstour und am nördlichen Rand bilden Residenz, Feldherrenhalle und Hofgarten eine imposante Foto-Kulisse. Im Lehel locken die Weiten des Englischen Gartens Spaziergänger und die berühmte Eisbachwelle passionierte Surfer an (zu wirklich jeder Jahreszeit!). Prachtvolle Straßenzüge gibt es hier genauso zu entdecken, wie wechselnde Ausstellungen im renommierten Haus der Kunst.

## LUDWIGSVORSTADT-ISARVORSTADT / SENDLING

Südwestlich vom Zentrum wimmelt es in der Ludwigsvorstadt nur so vor Geschäftigkeit. In dem kontrastreichen Stadtteil liegen Hauptbahnhof und „Klein-Istanbul" genauso wie die weltberühmte Theresienwiese. Nebenan feiert die Isarvorstadt das bunte Leben: Glockenbach- und Gärtnerplatz-, Dreimühlen- und Schlachthofviertel – hier regieren Multikulti und Toleranz. Die Kneipen- und Clubdichte ist enorm und das facettenreiche Viertel ist eine sichere Wahl für einen geselligen Abend oder eine wilde Partynacht. Leider ist es aber auch stark von zunehmender Gentrifizierung betroffen. In Sendling ist davon noch nicht so viel zu spüren. Vor allem im Sommer zieht es die erholungsbedürftigen Städter in Scharen hierher an den Flaucher, dem Bade- und Grill-Hotspot an der Isar und zum neuen Star des Viertels, auf die Alte Utting.

## MAXVORSTADT

Neben Altstadt und Lehel liegt die Maxvorstadt, das architektonisch und kulturell dichteste Viertel. Königsplatz und Siegestor sind bauliche Meilensteine und in den Pinakotheken, zahlreichen Museen und Sammlungen warten wahre Schätze. Gleichzeitig füllen die beiden Universitäten und die Kunstakademie mit ihren internationalen Studentenscharen das Viertel mit echtem Leben. Hier liegt der traditionsreiche Antik-Buchladen neben dem neuen Concept Store und so fühlt sich die Maxvorstadt zugleich intellektuell und inspirierend, aber auch nach zeitgemäßer Vielfalt und Vergnügen an.

## SCHWABING / BOGENHAUSEN

Einst eher das Pflaster liberaler Münchner Bohemians, haben sich die Kanten hier inzwischen etwas abgeschliffen. Trotzdem ist Schwabing für viele Münchner nicht nur ein Stadtteil, sondern ein Lebensgefühl. Auf der Leopoldstraße Richtung Münchner Freiheit wird munter geshoppt, getrunken und flaniert, während es sich weiter nördlich wunderbar ruhig und grün wohnt. Noch ruhiger und grüner wird es in Bogenhausen. Ab Prinzregentenstraße und Friedensengel reihen sich zunächst die Nobel-Villen aneinander, doch noch weiter nordöstlich überrascht die Gegend mit modernen Wohnanlagen und weitläufigen Wiesen.

## AU-HAIDHAUSEN / GIESING

Im zweiten Weltkrieg fast komplett zerstört, zählt die Au mit bester Lage an den Isarauen heute zu den beliebtesten Wohnvierteln. Unzählige Cafés, Bars und Restaurants unterschiedlichster Couleur findet man hier. Aber auch das bayerische Brauchtum ist lebendig und ganzjährig am Nockherberg und drei Mal im Jahr auf der Auer Dult zu erleben. Darüber schließt sich das sowohl kultivierte als auch gemütliche Haidhausen an. Es ist Familien- und Szenehochburg zugleich. Das Franzosenviertel hat die wohl höchste Restaurantdichte der Stadt und in vielen Geschäften wird verstärkt Wert auf bio, fair und lokal gelegt. Nebenan ist Giesing, der kleine Rebell unter den Münchner Stadtvierteln. Vor allem Untergiesing mausert sich gerade zu einem alternativen Szene-Hot-Spot mit seinen spannenden und lässigen Läden.

## SCHWANTHALERHÖHE

Oberhalb der Theresienwiese beginnt das Westend, wie die Gegend rund um die Schwanthalerhöhe weithin genannt wird. Dass das Viertel seit gut 15 Jahren schwer im Kommen ist, ist inzwischen ein beliebter Running Gag unter Münchnern. Tatsächlich tut sich in diesem dicht besiedelten Stadtteil mit Multi-Kulti-Flair aber gerade einiges und immer mehr coole Bars, Restaurants und hippe Shops entdecken die Nachbarschaft für sich.

## NEUHAUSEN-NYMPHENBURG

Gehoben und grün wohnt es sich im ruhigen Neuhausen, mit hoher Altbaudichte und in bester Nachbarschaft zum Schloss Nymphenburg mit seiner ausladenden Parklandschaft. Auch im Winter lohnt hier ein Ausflug, wenn sich die Münchner auf dem zugefrorenen Kanal zum Schlittschuhlaufen und Eisstockschießen treffen.

# MÜNCHEN IN ZAHLEN

25
Stadtbezirke

ANZAHL EINWOHNER
ca. 1,5 MILLIONEN

Einwohner
inklusive
Metropolregion
6 Millionen

München – sicherste
Großstadt
in Deutschland

gegründet 1158

N 48° 8' 13''
E 11° 24' 31''

48.136944°,
11.575278°

„Bussi, Uschi!"

„A bissel was geht immer!" – Monaco Franze

BMW
hat eine eigene
Postleitzahl
80788

bairisch:
Minga

italienisch:
Monaco di
Baviera

Der Name München
leitet sich ab von
„bei den Mönchen"

Durch die Nähe
zu den Alpen die
schneereichste
Großstadt
Deutschlands.

Kein Gebäude in der Innenstadt darf höher sein als die Frauenkirche

=

**99 Meter**

Sonnenreichste Großstadt Deutschlands

4,8 Stunden täglich

MÜNCHEN-GRÜNDER HERZOG HEINRICH DER LÖWE HAT EIN 13-JÄHRIGES MÄDCHEN GEHEIRATET

*Gspusi*

– Liebschaft

2019:

**6,3 Mio.**

Oktoberfest-Besucher pro Jahr (6.1 Mio L. Bier)

1823 wurde die brennende Oper mit Bier gelöscht

SCHNACKSELN

*– Liebe machen*

mit

**45%**

Deutsche Großstadt mit den meisten Pendlern

Deutsche Meisterschaftstitel des FC Bayern:

**30**

Die Isar führt bis heute pures Gold in sich, das 1550 noch zu Münzen geprägt wurde.

HERZIBOPPERL

*– verwöhnte Kinder*

Arena

LIFE CAN B
BITTER,
YOUR COFFE
SHOULDN'T B

München

NO
ONE
BELONGS
HERE
MORE
THAN

# 2. Glückliche 24 Stunden

Es braucht nicht viel für einen gelungenen Tag. Ein gemütliches Café, ein leckeres Essen, interessante Menschen, eine inspirierende Ausstellung, ergreifende Musik oder ein entspannter Spaziergang … Die folgenden 24 Stunden sind unsere ganz persönlichen Vorlieben für einen glücklichen Tag in den unterschiedlichen Vierteln von München. Tauche ein und lass dich treiben, genieße den Nektar und spüre den Puls. Viel Vergnügen und eine schöne Reise in „unser“ Minga. Fast alle Tipps der 24 Stunden finden sich auch in den Rubriken und auf der Karte wieder.

# Über glückliches Reisen

***Warum eine Reise dein Leben verändern kann.*** *Text: Tanja Roos*

München – für manche bist du die schönste Stadt der Welt. Du hast Kunst und Kultur, eine spannende Geschichte, das weltweit größte Volksfest und herzhafte Wirtshäuser. Einen Fluss, der sich durch dich windet und in dem wir baden, surfen und dessen Wasser wir trinken können. Die Berge sind in unmittelbarer Nähe und unzählige malerische Seen zieren dein Umland. Du hast Stil, Tradition, leckere Brezn und hohe Mieten. Du bist weltoffen und gemütlich. Manche finden dich spießig und etwas langweilig, für andere bist du das perfekte Zuhause – verlässlich, loyal und beständig. Ein Ort, der das Gute wahrt, wirtschaftlich stark ist, Veränderungen erst einmal hinterfragt und die Vorzüge zelebriert. Du bist großstädtisch und gleichzeitig dörflich. Und nicht ohne Grund bist du Standort zahlreicher internationaler Konzerne.

Du warst über sechs Jahre unser Zuhause. Du bist die Stadt in der Chris und ich uns das erste Mal im Charlie getroffen haben. Unsere ersten Dates hatten wir an der Isar, am Gärtnerplatz, im Rosengarten, am Königsplatz, in der Galerie Farbenladen, im Nage & Sauge, Haus der Kunst und mit selbst mitgebrachten Cocktails am Dianatempel im Hofgarten. Wir sind mit Herzklopfen und Lachen auf dem Fahrrad durch die Straßen gekurvt. Wir haben in der Edelweißstraße in Obergiesing gewohnt, im Standesamt in der Mandelstraße geheiratet, in der Käfer-Schänke gefeiert, haben uns in der Hoftätowiererei unsere Eheringe stechen lassen und uns goldene bei Patrik Muff schmieden lassen. Wir haben unsere ersten beiden Kinder in deinem Schoß bekommen und somit bleibst du für immer ein Herzensplatz voller Emotionen, ein Stückchen Zuhause, ein Wohlfühlort an den wir immer wieder gerne zurückkommen. In einer sehr turbulenten und teilweise auch schwierigen Zeit warst du unser Auffangbecken nach Jahren des Reisens und Vagabunden-Daseins. Wir haben dich in all den Jahren von sehr unterschiedlichen Seiten kennengelernt: das exklusive und kreative, das traditionelle und naturverbundene, das geheime und versteckte, das moderne und das historische München. Hier hatten wir im Glockenbachviertel unser erstes NECTAR & PULSE-Büro, Chris hat für BMW geforscht und wir haben viele inspirierende Menschen kennengelernt, mit denen wir heute noch befreundet sind. Wir haben uns über die Jahre durch die Stadt gegessen, die besten Restaurants, Hotels und Cafés getestet,

***„Obwohl wir die Welt bereisen, um das Schöne zu finden, müssen wir diese doch mit uns tragen, sonst finden wir sie nicht."*** *– Ralph Waldo Emerson*

waren shoppen, im Theater in der Oper, bei Konzerten, im Kino und waren ausgiebig feiern – mit Champagner, Wein, Bier und alkoholfrei.

Es hat eine ganz besonders hohe Lebensqualität, nach Feierabend mit Freunden in den Isar-Auen zu grillen oder das gute Wetter in der sonnenreichsten Stadt Deutschlands irgendwo am Wasser zu genießen: sei es am Walchensee, am Tegernsee, am Deininger Weiher oder im Bad Maria Einsiedel. Es ist ein besonderer Luxus, am Freitag die Taschen zu packen und in die Berge zu fahren: im Winter zum Skifahren, Snowboarden oder Langlaufen und im Sommer zur Herzogstandbahn mit dem wunderschönen Bergpanorama, zu einer idyllischen Wanderung mit Übernachtung auf die Tegernseer Hütte, für einen Bieraufguss in der Tegernseer Seesauna oder zur Schlauchbootfahrt von Lenggries auf der Isar. Auch diese kleinen Ausflüge in der Stadt fühlen sich wie Urlaub an: ein Streifzug durch den nördlichen Teil des Englischen Gartens beim Aumeister, ein Spaziergang auf dem Viktualienmarkt, ein ordentliches Weißwurst-Frühstück in der Gaststätte Großmarkthalle, ein Feierabend-Bier am Friedensengel, am Nymphenburger Kanal zum Schloss joggen oder den Nachmittag im Biergarten St. Emmeramsmühle verbringen. Manchmal hast du uns mit deiner Engstirnigkeit und Behäbigkeit, deiner konservativen Art und deinem stetigen Leistungsstreben aufgeregt, aber meistens haben wir dich über alles geliebt. Minga. Unser Minga.

# Glückliche 24 h in der Altstadt

## 11.30 Uhr

Wir machen eine kleine Pause in ***Schumann's Tagesbar*** und beschauen das Treiben. Danach stöbern wir in der ***Lodenfreypassage*** bei ***MYTHERESA*** und ***Mohrmann Basics*** und spazieren weiter entlang der ***Fünf Höfe*** in Richtung ***Odeonsplatz***. Wer noch Lust auf Kunst hat, der sollte auf jeden Fall die ***Kunsthalle*** besuchen. Ein ausgezeichnetes Mittagsmenü gibt es außerdem im Sterne-Restaurant ***Schwarzreiter***.

## 10 Uhr

Wir steigen die engen Stufen im Turm des ***Alten Peter*** hinauf und genießen den tollen Panoramablick über Minga. Wieder unten angekommen, bummeln wir entlang des Marienplatzes und besuchen die ***juristische Bibliothek*** im Rathaus. Von hier machen wir einen Abstecher zu den Geschäften in der ***Ledererstraße*** und gehen weiter zum Affenturm, wo wir uns über seine kuriose Geschichte wundern.

## 9 Uhr

Wir beginnen den Tag im Herzen Münchens mit einer Brezn bei ***Karnoll*** und einem Cappuccino bei der ***Kaffeerösterei*** auf dem ***Viktualienmarkt***.

## 13 Uhr

Wenn wir Boule-Kugeln dabeihaben, dann spielen wir im ***Hofgarten*** eine Partie. Ansonsten setzten wir uns auf eine der Bänke und lassen die Architektur des Ortes auf uns wirken.

## 14 Uhr

Wir schlendern durch den ***englischen Garten*** zum ***Haus der Kunst***. Direkt daneben lassen sich von der Brücke die ***Eisbachsurfer*** bestaunen. Die ***goldene Bar*** liegt um die Ecke, in der wir uns einen Drink gönnen. Alternativ gehen wir zu F***räulein Grüneis*** auf einen Snack.

## 16 Uhr

Es ist Zeit für Kaffee & Kuchen. Dafür fahren wir zurück zum Viktualienmarkt zum ***Victorian Teahouse*** und essen dort Scones mit Clotted Cream und machen noch einen kleinen Ausflug zum ***Gärtnerplatz***.

## 20 Uhr

Abends gehen wir entweder für ein entspanntes, stilvolles Dinner in die tolle Weinbar ***Grapes*** in der Ledererstraße, machen uns mit Freunden einen lustigen Abend im ***Buffet Kull*** oder genießen sympathische Spitzenküche im ***Manu***.

## 23 Uhr

Für Drinks geht es in die High Bar zu ***Trader's Vic*** oder ins ***Kismet***.

# Glückliche 24 h in der Maxvorstadt

## 13 Uhr

Mittagessen gehen wir im *Shimai*, für asiatische Küche (direkt daneben liegt die *Galerie für Fotografie der Gegenwart*), zum *Görreshof* für etwas Deftiges, für einen Snack mit einem Glas Prosecco in *Schumanns Tagesbar* oder für Pizza im *Italian Shot*.

## 11.30 Uhr

Wir fahren zu den *Pinakotheken* und legen uns dort erst einmal auf die Wiese, um den Tag zu planen. Wir spazieren über dem *Königsplatz* und spielen dort Tischtennis oder besuchen bei schlechterem Wetter das grandiose *Lenbachhaus* direkt daneben.

## 10 Uhr

Es geht direkt in die Stadt zum Frühstücken im hippen *Mary's Coffee Club* oder in *Die Waldmeister*. Wenn das Frühstück etwas kürzer ausfallen soll, dann gibt es Cappuccino mit umwerfenden Croissants im *Café Morso*. Wer es gern klassisch mag geht ins *Café Jasmin*.

## 9 Uhr

Ein super Preis-Leistungs-Verhältnis gibt es in der *Schwabinger Wahrheit* oder auch in der *Ruby Lilly*. Gediegen und luxuriös wird es im *Charles*. Das *25hours-Hotel* kommt hingegen cool und sehr lebendig daher.

## 14 Uhr

Nach dem Lunch spazieren wir über den *alten Nordfriedhof*, bevor wir dann auf dem Weg ins *Museum Brandhorst* noch in ein paar Galerien schauen, wie beispielsweise die von *Rüdiger Schöttle*. Hier gibt es auch das leckere *Ballabeni-Eis*!

## 16 Uhr

Am Nachmittag erholen wir uns beim Durchstöbern von Büchern und Kaffeetrinken im *Lost Weekend*. Wenn wir Lust auf klassisches Ambiente haben, gehen wir ins romantische *Café in der Glyptothek*. Wer Appetit auf etwas Süßes verspürt, geht zum Kuchenessen auf den *Elisabethmarkt zum Standl 20*.

## 20 Uhr

Wir lassen uns noch etwas durch das Viertel treiben und gehen zum Abendessen zu *Katopazzo* oder zu *Sushiya Sansaro*. Am späteren Abend haben wir in der Maxvorstadt eine riesige Auswahl: Drinks in der *James T. Hunt* oder Musik in der *Minna Thiel*. Wer danach noch tanzen gehen will, geht am besten ins *Bahnwärter Thiel*, *Harry Klein* oder in die *Rote Sonne*.

# Glückliche 24 h in Haidhausen

## 13.00 Uhr

Mittagessen gibt es auf jeden Fall im *Fischhäusl* am *Wiener Platz*. Hier bleiben wir am Maibaum noch auf einen Espresso sitzen. Für Vegetarier empfehlen wir alternativ das *IUNU* am Bordeauxplatz.

## 11 Uhr

Wir gehen nun entweder gemächlich an der Isar spazieren oder bummeln über die entzückende *Preysingstraße* in Richtung *Wiener Platz*, wo wir als erstes im coolen Vintage-Laden *Macy* nach neuen Lieblingsstücken stöbern.

## 9.30 Uhr

Wir übernachten im *Glockenbachviertel* im sympathischen *Hotel Olympic* oder im Herzen der Stadt am Viktualienmarkt im *Design Hotel Cortiina*. Von dort machen wir uns auf den Weg zum Frühstück im neuen *Café Blá* oder zu einer wahren Haidhausener Café Institution, dem *Fortuna*.

## 14 Uhr

Am Nachmittag besuchen wir bei schlechtem Wetter die ***Villa Stuck*** und erleben ehrwürdige lokale Kunstgeschichte. Bei schönem Wetter zieht es uns in den ***Biergarten am Muffatwerk***, wo wir dann unten am Wehr Baden gehen. Nach dem Schwimmen haben wir Hunger. Wir holen uns ein Stück Pizza bei ***Pizzesco*** und ein Eis bei ***True & 12***.

## 18 Uhr

So oder so landen wir zum Sonnenuntergang am ***Friedensengel***. Wir genießen den Ausblick und einen Aperitivo.

## 20 Uhr

Zum Dinner gehen wir Vietnamesisches Fondue essen im ***Charlie***, in das gemütliche Türkische Restaurant ***Keko*** oder zum super schicken Asiaten ***MUN***. Wer kreative Sterne-Küche kosten möchte, dem empfehlen wir herzlich den ***Showroom***.

## 21 Uhr

Ein Abend in Au-Haidhausen endet natürlich im ***Prinzregententheater***, bei einem Konzert im ***Gasteig*** oder im Jazzclub ***Unterfahrt***.

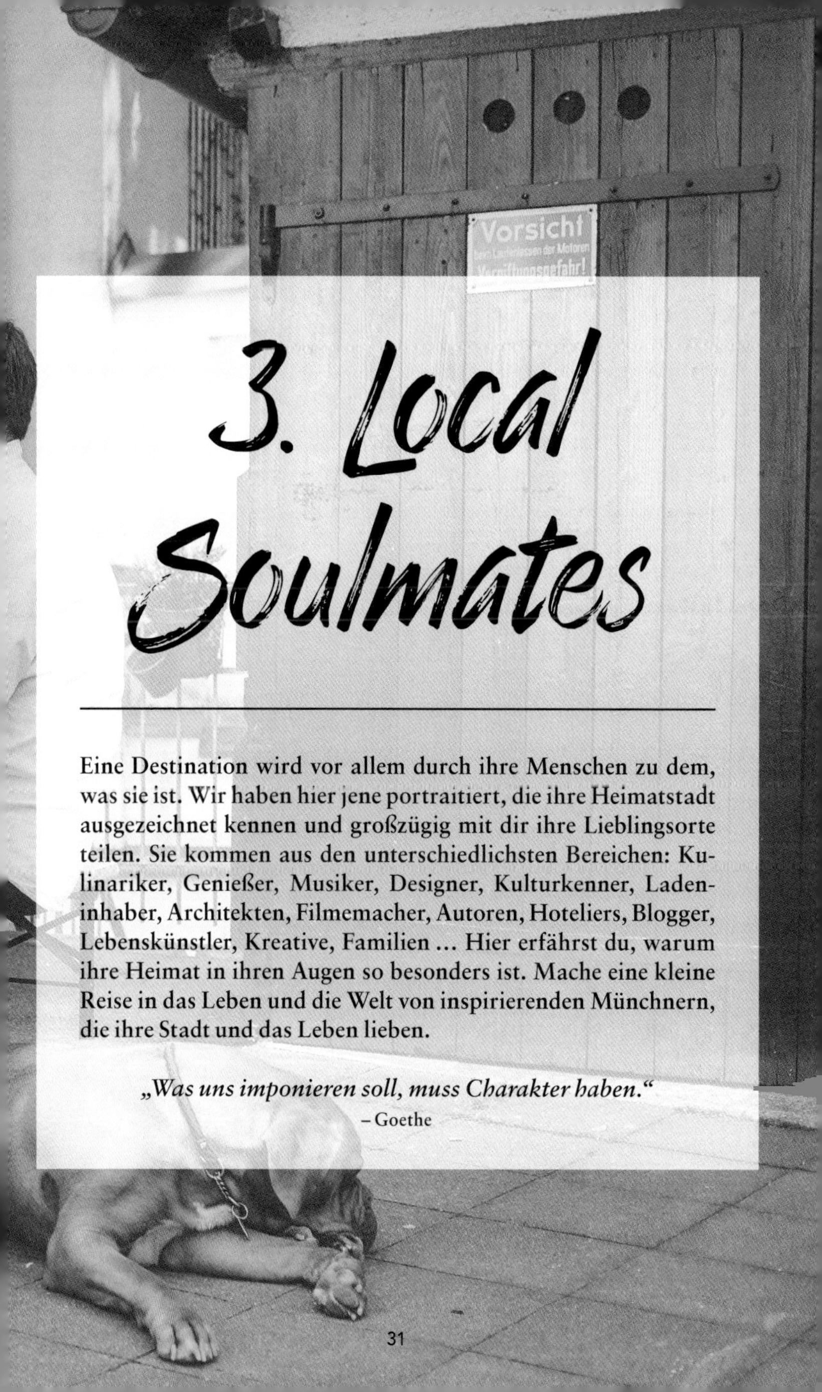


# 3. Local Soulmates

Eine Destination wird vor allem durch ihre Menschen zu dem, was sie ist. Wir haben hier jene portraitiert, die ihre Heimatstadt ausgezeichnet kennen und großzügig mit dir ihre Lieblingsorte teilen. Sie kommen aus den unterschiedlichsten Bereichen: Kulinariker, Genießer, Musiker, Designer, Kulturkenner, Ladeninhaber, Architekten, Filmemacher, Autoren, Hoteliers, Blogger, Lebenskünstler, Kreative, Familien … Hier erfährst du, warum ihre Heimat in ihren Augen so besonders ist. Mache eine kleine Reise in das Leben und die Welt von inspirierenden Münchnern, die ihre Stadt und das Leben lieben.

*„Was uns imponieren soll, muss Charakter haben."*
– Goethe

*Im Gespräch mit*

# Saskia Diez

**SCHMUCKDESIGNERIN**
**saskia-diez.com · @diezsaskia**

***Woher kommt deine Leidenschaft für Schmuck und Ästhetik?***
Schmuck hab ich schon als Kind liebend gern gebastelt. Dann hab ich diverse Umwege gemacht, die alle wichtig waren. Ich habe zwei Semester in Paris studiert, eine Ausbildung zur Goldschmiedin gemacht und ein Industriedesign-Studium absolviert. Dazwischen bei Christian Haas, Rosenthal AG und Konstantin Grcic gearbeitet, bis ich dann mein eigenes Label begonnen habe.

***Was bedeutet München für dich persönlich? Was macht die Stadt für dich so lebenswert?***
München ist eine freundliche und gesellige Stadt, in der man aber auch gut für sich sein kann. Man kann in und um München viel unterwegs sein und trotzdem ist es so überschaubar, dass man auch zu Hause bleiben kann, ohne Angst zu haben, enorm viel zu verpassen. Ich kann hier sowohl konzentriert arbeiten als auch mir die Nacht um die Ohren schlagen, wenn ich dazu Lust habe.

***Wenn München ein Mensch wäre, wie würdest du ihn beschreiben?***
Vielleicht ist München ein bisschen wie ein altes Ehepaar, das in Liebe und Grant verbunden ist. Das manchmal auch ein wenig behäbig und gemütlich ist, eine Reihe von Gewohnheiten und Ritualen pflegt, es sich gerne gut gehen lässt und sich daran erfreut und gerne zeigt, was es so hat.

***Welche Restaurants magst du?***
Meistens gehe ich in die immer gleichen Restaurants, aber eher, weil ich einfach gern dort hingehe und ich Leute dort kenne, weniger, weil es keine Auswahl gäbe. Das *Schumann's* mag ich natürlich. Das ist ja eigentlich kein richtiges Restaurant, man kann dort aber gut essen. Manchmal wird mir dort von Charles Schumann etwas serviert, von dem er der Meinung ist, dass das jetzt das Richtige für mich ist, denn gefragt hat er nur so etwas wie: „Hast Du Hunger?“ Er denkt sich dann immer ein Gericht für mich aus. Das mag ich sehr.
Auch die Terrasse im *Hofgarten* im Sommer ist ein Traum.

*München ist ein bisschen wie ein altes Ehepaar, das in Liebe und Grant verbunden ist.*

**Kultur:** *Kammerspiele*, *Prinzregententheater*, *Staatsoper*, *Haus der Kunst*, *Südfriedhof*
**Restaurants:** *Schumanns*, *Haguruma* (Agedashi Tofu), *J-Bar*, *Pepe Nero* (Pizza), *Quattro Tavoli*, *Tushita Teehaus*, *BeirutBeirut* (Falafel)
**Wirtshäuser:** *Gaststätte Großmarkthalle*, *Schneider Bräuhaus*, *Spatenhaus*, *Fraunhofer*, *Maximilian*.

**Bars:** *Trader Vics* (Cocktails), *The High Bar*, *Charlie*
**Cafés:** *Dukatz* (auf der Klenzestraße, Croissants, Petit Fours & Macarons wie in Paris)
**Shops:** *Eataly* in der Schrannenhalle, *Karnoll*, *Verdi*, *Kustermann*
**Erholung:** Baden bei den Stufen an der *Weideninsel*, *Hamam Anatolia*, *Müller'sches Volksbad*
**Mit Kindern:** *Deutsches Museum*, *Museum Mensch und Natur*, *Lenbachhaus*, *Haus der Kunst*, *Pinakotheken*, *Spielstadt Mini-München* (alle zwei Jahre), *Freibad Maria Einsiedl*

### *Was bedeutet Glück für dich?*

Ganz einfache Dinge. Meine Arbeit macht mich glücklich. Der Alltag natürlich nicht immer und auch nicht immer der Arbeitsumfang. Ich bin auch nicht immer gerne Chefin, aber die kreativen Phasen in denen ich entwerfe, neue Ideen entwickle und Neues lerne, die machen mich glücklich. Außerdem bringt mich meine Arbeit mit vielen unglaublich tollen Menschen zusammen und lässt mich an wunderbare Orte reisen, zu denen ich einen ganz anderen Zugang bekomme als ein Tourist. Mein anderes großes Glück sind meine Kinder – ihnen dabei zuzusehen, wie sie sich entwickeln und immer wieder auch Teil davon zu sein. Und zuletzt gehören ein paar gute Freunde dazu, die sich über verschiedene Orte verteilen, mit denen ich mich aber sehr verbunden fühle.

**>>> Tipp:**
den wunderschönen Schmuck von Saskia Diez findest du in der Geyerstraße 20 im Glockenbachviertel.

GEHT IMMER

# Pinakotheken

*Im Gespräch mit*

# Lea Rieck

**WELTREISENDE AUF DEM MOTORRAD · AUTORIN**

**got2go.de · @lea_rieck**

**Woher kommen die Leidenschaft zum Motorradfahren und die Idee zur Weltumrundung?**

Ich wollte schon immer länger über Land reisen, um die damit verbundenen Veränderungen von Natur und Kultur zu spüren. Ich wollte wissen, was Grenzen bedeuten und ob sie einen Unterschied machen. Mein Vater hat in den 1970er-Jahren mit seinem Motorrad Australien umrundet – da habe ich mir wohl etwas abgeschaut. Und als ich angefangen habe über die Reise zu grübeln, da dachte ich mir: Wenn ich schon eine lange Reise plane – warum dann nicht gleich um die ganze Welt.

**Wie geht deine Reise weiter?**

Ich habe mich selbstständig gemacht und ein Buch über meine Weltreise geschrieben (Buchtitel: „Sag dem Abenteuer, ich komme: Wie ich mit dem Motorrad die Welt umrundete und was ich von ihr lernte"). Meine Afrika-Reise musste ich in Benin wegen Corona leider unterbrechen und hoffe sie aber bald fortführen zu können!

**Was bedeutet München für dich?**

München ist für mich der Ort, an dem ich mich zu Hause fühle. Ein Ort, an dem sich alles ein bisschen langsamer dreht, weil ich es kenne und hier richtig ankommen kann. München hat eine gewisse Gemütlichkeit. Man hat hier keine Angst irgendwas zu verpassen und nicht das Gefühl, von einer Veranstaltung zur nächsten springen zu müssen. Es ist für mich sehr lebenswert, nicht ständig der städtischen Hektik ausgesetzt zu sein.

**Was sind deine persönlichen Lieblingstipps?**

Restaurants: *Farmer & Lou*, *Domaines Kilger Weinhäusl*, *Aumeister & Hirschau Biergarten*
Cafés: *Fortuna Cafébar*
Sonstiges: *Nordfriedhof*, *Alter Englischer Garten* am Oberstjägermeisterbach, *Friedensengel*, *Barroom*

**Was sind die schönsten Motorradstrecken in und um München?**

Ich fahre sehr gerne über Icking nach Ammerland am Starnberger See – und kehre dort beim *Fischmeister* (Bierbichler) in Münsing ein. Eine der schönsten Straßen im Münchner Umland ist zudem die *Mautstraße* am Sylvensteinspeicher. Sie führt immer entlang der Isar zwischen Wallgau und Vorderriß. Die Orte eignen sich auch für einen Tagesausflug mit Wanderung!

*Es ist für mich sehr lebenswert, nicht ständig der städtischen Hektik ausgesetzt zu sein.*

## *Im Gespräch mit*

# Gottfried Wallisch

**GASTRONOM UND KOCH**

***broeding.de · @restaurant_broeding***

***Wo kommst du ursprünglich her und was schätzt du an deiner Heimat München?***

Ich wurde 1964 in München geboren und wuchs auf einem Bauernhof auf. Mitte der 80er bin ich dann nach München gezogen. Aktuell lebe ich mit meiner Frau und meinen beiden Kindern in Schwabing direkt am Englischen Garten. Wir leben im Grünen und sind gleichzeitig umgeben von der schönen Genusswelt der Großstadt – der *Viktualienmarkt* ist mit dem Fahrrad nur zehn Minuten entfernt. München bietet eben sowohl das großstädtische Flair als auch die provinziellen, natürlichen Momente in den Bergen, in Italien oder in Österreich.

***Wie bist du zur Gastronomie gekommen?***

Am Anfang ist hier meine Oma als großartige Köchin zu nennen. Sie hat trotz aller notwendigen Sparsamkeit immer lustvolle, familiäre Zusammenkünfte organisiert – der Sonntagsbraten ist unvergesslich. Ich war immer ein geselliger Mensch und mochte es, mit Menschen zu feiern und zusammen zu sein. Das vermittelt mir ein Gefühl von Geborgenheit, vielleicht sogar ein Stück Heimat. Das hat sich dann wie ein roter Faden durch mein Leben gezogen. Meine ersten Schritte habe ich im *Fischmeister* am Starnberger See unternommen. Ich habe nie eine klassische Koch-Ausbildung gemacht, stattdessen habe ich als Autodidakt all mein Verdientes und Erspartes in Essen, Trinken und Literatur gesteckt. Ich habe so die Gastronomie von ihrer lustvollen Seite erlernen dürfen.

***Nach mehr als 30 Jahren Gastronomie: Was ist deine Passion? Was treibt dich an?***

Wir möchten einen Beitrag leisten, indem wir als Gastronomen einen Teil der uns betreffenden Gesellschaft mitgestalten. Das betrifft insbesondere die Auseinandersetzung mit den verwendeten Produkten, den Produzenten und die Herstellungsprozesse. Auch der Umgang mit Menschen ist mir dabei ein Antrieb. Dies gilt sowohl für die Verbindlichkeit und Ehrlichkeit im Umgang mit Gästen als auch mit meinem Personal. Vielleicht ist das auch der Grund, warum wir personell nahezu keinen Wechsel haben. 2018 hat uns erstmals ein wichtiger Kollege nach 14 Jahren aus gesundheitlichen Gründen verlassen.

*Seit 25 Jahren sind wir verlässliche und vertraute Geschäftspartner, das ist wie ein Sechser im Lotto!*

Foto: links Manuel Reheis, rechts Gottfried Wallisch

**_Was ist das Erfolgsrezept für die Küche im Broeding? Und warum Fine Dining und kein Wirtshaus?_**

Das Erfolgsrezept besteht in der natürlichen Weiterentwicklung unseres Restaurants. Im Broeding war die Zielsetzung von Anfang an, das Produkt und den Produzenten in den Mittelpunkt zu stellen und den Gast als mündigen Gast zu begreifen. Fine Dining ist uns in diesem Prozess eher „passiert". Es war nie unser Ziel, doch weil gute nachhaltige Produkte auch höhere Preise verlangen, hat es sich so ergeben. Nie stand für uns das Streben nach Punkten und Hauben im Vordergrund, wir sind stattdessen immer gern ein Geheimtipp gewesen. Wenn die Anerkennung von außen dazukommt, freuen wir uns natürlich. Andererseits sind Ruhm und Anerkennung sehr trügerisch, denn die Fähigkeit zur Selbstkritik ist elementar für unser Handwerk.

Neben diesem Aspekt ist die Gastfreundschaft ein wichtiger Teil im *Broeding* und diese Qualität ist die wohl wichtigste Eigenschaft eines guten Wirtshauses. Ein zentrales Erlebnis für mein Verständnis von Gastfreundschaft war folgendes: Ich kam von einer Wanderung im Elsass am späten Mittag im Gourmet-Restaurant *Haeberlin* vorbei. Ich wollte nur die Speisekarte anschauen und wurde in meinen sichtlich benutzten Wanderklamotten direkt und herzlich vom damaligen Sommelier-Weltmeister Serge Dubs empfangen. Er musterte mich nicht abschätzig, sondern fragte in der Küche, ob noch etwas ginge, um uns anschließend zu umsorgen, als wären wir die ältesten Stammgäste. Das werde ich ihm nie vergessen und das Erbe dieser Geschichte trage ich weiter.

**_Was sind deine persönlichen Lieblingstipps für München?_**

**Essen & Trinken:** *Walter & Benjamin*, *Occam Deli*, *Grapes Weinbar*, *Shimai*, *Bar Gabányi*, *Sababa Imbiss*, *Poseidon am Viktualienmarkt*, *Goldene Bar im Haus der Kunst*, *Vini e Panini* zu Mittag

**Lieblingsorte:** *Olympiastadion und -park*, Radtour an der Isar nach *Fröttmaning*, *Chiemsee* (Baden in *Rimsting/Westernach* bei Prien), Wandern und Radfahren am *Samerberg* (Essen in der *Alpenrose* in Grainbach), *Erl* in Österreich (Theater und Festspiele, Restaurant *Blaue Quelle*), *Unterammergau* (Inszenierungen von Christian Stückl auch außerhalb der Festspielzeit, Restaurant *Dorfwirt*), *Volkstheater*, *Hypo Kunsthalle*

**Einkaufen:** *Viktualienmarkt* (Gemüse bei Markus Weyel, Fleisch bei Herrmansdorfer, Käse im Tölzer Kasladen), *Elisabethmarkt* (Gemüse bei Karl Huzcala, Käse bei Hieber, Fleisch bei Hermannsdorfer)

Wir möchten einen Beitrag leisten,
indem wir als Gastronomen einen Teil
der uns betreffenden Gesellschaft
mitgestalten.

*Im Gespräch mit*

# Patrik & Bele Muff

**SCHMUCKDESIGNER UND EHEPAAR**
**patrikmuff.com · @atelierpatrikmuff**

***Wie habt ihr euch kennengelernt und wie ist euer Werdegang?***
Patrik ist gebürtiger Schweizer, machte früh seine Goldschmiedelehre und studierte Kunst in Köln. Dort finanzierte er sein Studium mit einer Kneipe. Er kam vor mehr als 20 Jahren nach München, wo wir uns über einen gemeinsamen Freund kennenlernten. Ich wurde schnell schwanger und verbrachte die Schwangerschaft in Patriks Goldschmiedeatelier, wo ich anfing Ordnung ins Chaos zu bringen, Schmuckmodelle zu fotografieren und kleine Aussendungen zu gestalten. Auch die Idee einer Porzellanschmuck-Kollektion mit der *Manufaktur Nymphenburg* ist da entstanden. Ein Jahr später eröffneten wir den ersten Laden am *Viktualienmarkt*. Vor fünf Jahren sind wir in die Ledererstraße umgezogen. Eine Ur-Münchner Straße mit ausschließlich inhabergeführten Geschäften.

***Welchen Tipp habt ihr, um als Paar gemeinsam erfolgreich zu arbeiten?***
Begeisterung für die gleiche Sache, Respekt vor der Meinung des anderen, klare Verteilung der Kompetenzen und vor allem sehr viel Gelassenheit!

***Was macht München für euch so lebenswert?***
Wenn man sich eine Stadt in seinen Träumen ausmalen würde, käme sie München doch schon sehr nah: groß genug für Anonymität, aber klein genug, um sich geborgen zu fühlen. Die Nähe zu den Bergen, rund herum Seen, die wunderschöne *Isar*, die sich malerisch durch die Auen zieht, Plätze mit Geschichte und eine gewachsene Architektur über ein halbes Jahrtausend.

***Wer wäre München als Mensch?***
Ein grantiger Bayer auf High Heels.

***Was sind eure persönlichen Lieblingstipps?***
Natürlich unser Laden in der Ledererstraße 10 und der Viktualienmarkt nebenan!
**Restaurants:** *Kuntuk*, *Cochinchina*, *Pizzeria Ciao Ragazzi*, *Trader Vic's*
**Cafés:** *Café Luitpold*, *Bar Centrale*, *Vorhoelzer Forum / TU*, *Goldene Bar*
**Shops:** *Falkenberg*, *Gross*, *Stein 11*, *Atelier Ayzit Bostan*
**Ausflüge:** Schlauchbootfahrt in der *Pupplinger Au*, *Antikmarkt in Keferloh*, *Hermannsdorf bei Glonn*, *Maisinger See*.

*Wenn man sich eine Stadt in seinen Träumen ausmalen würde, käme sie München schon sehr nah.*

*Im Gespräch mit*

# Rahmée Wetterich

**DIRNDL-DESIGNERIN**
**nohnee.com · @noh_nee**

***Woher kam die Idee außergewöhnliche Dirndl zu machen?***
Meine Schwester Marie und ich stammen aus einer kreativen Schneider- und Musikerfamilie. Unsere Mutter war Schneiderin in Kamerun und hat dort sogar für Ministergattinnen genäht. Als Kinder spielten wir im Atelier unserer Mutter, umgeben von Stoffen und Kundinnen. So wie es auch heute noch in der afrikanischen Kultur üblich ist, war es für uns selbstverständlich, maßgeschneiderte Kleidung zu tragen.
Viele Jahre nachdem wir nach Deutschland gezogen sind, hat meine Schwester auf einer Reise in unsere afrikanische Heimat die Bedeutung ihrer Wurzeln wiederentdeckt. Zurück in Deutschland, steckte sie mich mit ihrer Begeisterung an und wir gründeten NOH NEE als Label, welches die beiden Welten miteinander verbindet. NOH NEE bedeutet „Geschenk Gottes" auf Suaheli.

***Was macht München für dich besonders und welches ist dein Lieblingsviertel?***
Nach mehr als 40 Jahren ist München für mich auch Heimat geworden. München hat eine perfekte Lage: ein schneller Ausflug in die Natur (die Berge und die Seen) oder ein kulturelles Erlebnis – alles in Reichweite. Das macht die Stadt für mich lebenswert.
Meinen Showroom habe ich schon mehr als fünf Jahre im schönen *Glockenbachviertel*. Den Zusammenhalt mit meinen Nachbarn, wie das *Olympic Hotel* oder das *Café Nil* ums Eck', schätze ich sehr. Im Glockenbackviertel „menschelt" es angenehm.

***Was sind deine persönlichen Lieblingstipps?***
Kultur: *Lesebühne im Vereinsheim*, *Nymphenburger Schlosspark*, *GOP Varieté-Theater*, *Juristische Bibliothek im Rathaus*, *Lenbachhaus*
Restaurants & Cafés: *Vini e Panini*, *Manufaktum*
Bars: *Milla Club*
Ausflüge: *Rosengarten*

***Gibt es eine Münchner Persönlichkeit, die ihr besonders schätzt?***
Guter Humor inspiriert! Daher schätze ich Loriot, Liesel Karlstadt, Karl Valentin und Gerhard Polt.

***Was bedeutet Glück für euch? Was macht euch glücklich?***
Das Glück mit anderen zu teilen, macht mich glücklich!

Das Glück mit anderen zu teilen, macht mich glücklich.

## *Im Gespräch mit*

# Susi & Yasar Ceviker

**INHABER VON A KIND OF GUISE**
**akindofguise.com · @akindofguise**

***Wie war euer Werdegang hin zu eurem Label „A Kind of Guise"?***
2009 haben wir uns während des Studiums kennengelernt. Bald schon realisierten wir erste Projekte gemeinsam. Begonnen haben wir mit einer kleinen Taschenkollektion, wofür wir das Leder in Italien in einer Medizinball-Manufaktur eingekauft haben. Genäht wurden sie dann in Yasars WG-Zimmer. Über die Jahre hinweg haben wir uns diverse Produktionsstätten aufgebaut und arbeiten mittlerweile mit 18 unterschiedlichen Manufakturen in Deutschland zusammen. Die Idee war von Anfang an, so lokal wie möglich zu produzieren. Bis zum heutigen Tage werden all unsere Produkte komplett in Deutschland gefertigt. Unser gesamtes Team umfasst mittlerweile 18 Leute.

***Was macht München für euch so lebenswert?***
Das gute Essen, die Nähe zur Natur und die dadurch verbundene hohe Lebensqualität haben München vor zehn Jahren zu unserer neuen Heimat werden lassen. Außerdem hat München die optimale Größe und liegt damit irgendwo zwischen einem großen Dorf und einer kleinen Metropole. Es entschleunigt den Alltag, wenn man alles bequem mit dem Fahrrad erreichen kann.

***Was empfehlt ihr für einen ersten Besuch in München?***
Ein Muss sind auf jeden Fall der *Viktualienmarkt*, der alte *Englische Garten* im Norden mit dem *Oberjägermeisterbach* und die *Isarauen*. Um so weiter man an der Isar Richtung Süden fährt, desto schöner und ruhiger wird es. Der Weg lohnt sich, wenn man plötzlich alleine an einem kleinen, weißen Kiesstrand am Wasser liegt.

***Was sind eure Lieblingsorte in München?***
**Restaurants:** *Ruffini*, *Bar Centrale*
**Cafés:** *Waldmeister*
**Ausflüge:** *Murnauer Moos* im blauen Land (Rundweg von der Ramsachkirche, Gasthof Ähndl), *Nymphenburger Kanal* und *Schlosspark*, *Wochenmarkt am St.-Anna- Platz* im Lehel (donnerstags)
**Mit den Kids:** *Brauseschwein*
**Mit dem Hund:** *Maximilianpark* und der *Goldfischteich am Friedensengel*

Die Idee war von Anfang an,
so lokal wie möglich zu produzieren.

AKOG

*Im Gespräch mit*

# Sinah Diepold

**YOGALEHRERIN · YOGA-STUDIO INHABERIN**
**kaleandcake.de · @sinahdiepold**

**Wo kommst du her und wie war dein Werdegang?**
Ich bin eine waschechte Münchnerin und habe hier nach der Schule Sportwissenschaft an der TU studiert. Parallel dazu habe ich mit der Tanzausbildung an der Iwanson International angefangen und bin zum Training nach New York gegangen. Nun bin ich seit über fünf Jahren zurück und seitdem unterrichtete ich vor allem Tanz und Ballet Barre in meinem kleinen Studio, dem *Kale & Cake*. Mit der Zeit kam das Yoga hinzu und wurde zu meiner großen Liebe und meiner Lebensphilosophie.

**Was macht München für dich so lebenswert?**
Es ist diese schöne Mischung aus Dorf und Großstadt. Egal wo du spazieren gehst oder wen du triffst, man kennt jemanden und läuft sich zufällig über den Weg. Ähnlich wie auf dem Dorf ist man auch mit einem Sprung in der Natur und hat ein tolles Sportangebot mit vielen eindrucksvollen Orten in den Bergen. Gleichzeitig bietet die Stadt ein spannendes kulturelles Angebot mit Konzerten, Ausstellungen und Festivals.

**Welches ist dein Lieblingsviertel und was sind deine Lieblingstipps?**
Ich habe längere Zeit in der Maxvorstadt gewohnt und liebe dort die vielen Cafés, die kleinen persönlichen Läden und die tollen Museen. Wenn ich nicht zum Schwimmen an die *Isar* will, dann leg ich mich einfach auf den Rasen vor der *Pinakothek* und hole mir einen Kaffee und Banana Bread vom *Daddy Longlegs.*
Restaurants: *Deli Dosa* neben der Bar *Picnic*, *Benko*, *Chi Thu*
Cafés: *Joon*, *Aroma*
Shops: *Ohne Supermarkt*, *Dear Goods*, *Yoga Corner*
Yoga: mein eigenes Studio *Kale & Cake* direkt bei der *Eisbachwelle*
Radtour mit folgenden Stopps: *Reichenbachbrücke–Gärtnerplatz–Südfriedhof–Hofgarten–Drückebergergasse–Feldherrnhalle–Oper–Surferwelle–Englischer Garten–Milchhäusl–Maxvorstadt*

**Was macht dich glücklich?**
Die Möglichkeit zu haben, genau das Leben zu führen, welches ich mir von Herzen wünsche. Dafür sind Freiheit und Sicherheit, wie wir sie hier in München haben, essentiell und niemals selbstverständlich.

Es ist diese schöne Mischung
aus Dorf und Großstadt.

# 4. Kultur

Durch Maximilian I. wurde 1808 in München die Akademie der Bildenden Künste gegründet und 1826 verlegte König Ludwig I. die Ludwig-Maximilian-Universität von Landshut nach München. Damit wurde ein neues Kapitel in der kulturellen Entwicklung Münchens aufgeschlagen. Leo von Klenze und Friedrich von Gärtner planten imposante Gebäude wie die Residenz, den Königsplatz mit der Glyptothek, das Siegestor, die Feldherrnhalle und die Alte Pinakothek. Orte, die das heutige Stadtbild genauso prägen wie die Frauenkirche von 1494. Zur gleichen Zeit lehrten Maler wie Franz von Stuck und Bildhauer Ludwig Schwanthaler an der Akademie und legten den Grundstein für die entstehende Kunststadt München, die Maler wie Paul Klee, Franz Marc und Wassily Kandinsky zu ihrem Zuhause machten. Das heutige München steht mit dem vielfältigen Kulturangebot in dieser Tradition: unabhängige Galerien und moderne Museen, große Theater und kleine Bühnen, moderne Architektur und berührende Mahnmale der deutschen Geschichte. Wir zeigen euch auf den folgenden Seiten unsere Lieblingstipps dieser reichen Kulturwelt!

## ZENTRUM

1. Haus der Kunst
**ALTSTADT**, *Prinzregentenstraße 1, hausderkunst.de*

2. Hofgarten
**ALTSTADT**, *Hofgartenstraße 1*

3. Sammlung Schack
**ALTSTADT**, *Prinzregentenstraße 9, pinakothek.de*

4. Ägyptisches Museum
**ALTSTADT**, *Gabelsbergerstraße 35, smaek.de*

5. Eisbachsurfer
**ALTSTADT**, *Prinzregentenstraße 1*

6. Odeonsplatz
**ALTSTADT**, *Odeonsplatz 1*

7. Frauenkirche
**ALTSTADT**, *Frauenplatz 12, muenchner-dom.de*

8. Affenturm
**ALTSTADT**, *Alter Hof 2*

9. Juristische Bibliothek
**ALTSTADT**, *Marienplatz 8, muenchner-stadtbibliothek.de*

10. Peterskirche
**ALTSTADT**, *Rindermarkt 1*

11. Asamkirche
**ALTSTADT**, *Sendlinger Straße 32*

12. Jüdisches Museum
**ALTSTADT**, *St.-Jakobs-Platz 16, juedisches-museum-muenchen.de*

13. Alter Südfriedhof
**LUDWIGSVORSTADT-ISARVORSTADT**, *Thalkirchner Straße 17*

## MAX-VORSTADT

14. Alte Pinakothek
**MAXVORSTADT**, *Barer Straße 27, pinakothek.de*

15. Pinakothek der Moderne
**MAXVORSTADT**, *Barer Straße 40, pinakothek.de*

16. Lenbachhaus
**MAXVORSTADT**, *Luisenstraße 18, lenbachhaus.de*

17. Königsplatz, Glyptothek
**MAXVORSTADT**, *Königsplatz 3, antike-am-koenigs-platz.mwn.de*

18. Alter Nordfriedhof
**MAXVORSTADT**, *Arcisstraße 45*

19. Wunden der Erinnerung
**MAXVORSTADT**, *Ludwigstraße / Schellingstraße,*

20. Museum Brandhorst
**MAXVORSTADT**, *Theresienstraße 35, museum-brandhorst.de*

## SCHWABING

**21. Allianz Arena**
SCHWABING, *Werner-Helsenberg-Allee 25, allianz-arena.com*

**22. BMW-Welt**
SCHWABING, *Am Olympiapark 1, bmw-welt.com*

**23. Olympiaberg**
SCHWABING, *Martin-Luther-King-Weg, olympiapark.de*

## OSTEN

**24. Friedensengel**
BOGENHAUSEN, *Prinzregentenstraße*

**25. Villa Stuck**
BOGENHAUSEN, *Prinzregentenstraße 60, villastuck.de*

**26. Galopprennbahn**
BOGENHAUSEN, *Graf-Lehndorff-Straße 36, galoppmuenchen.de*

**27. Maximilianeum**
AU-HAIDHAUSEN, *Max-Planck-Straße 1, stiftung-maximilianeum.com*

**28. Müller'sches Volksbad**
AU-HAIDHAUSEN, *Rosenheimer Straße 1, swm.de*

## WESTEN

**29. Endlose Treppe**
SCHWANTHALERHÖHE, *Ganghoferstraße 29A*

**30. Bavaria Statue**
SCHWANTHALERHÖHE, *Theresienhöhe 16*

**31. Schlosspark Nymphenburg**
NYMPHENBURG NEUHAUSEN, *Schloß Nymphenburg 1, schloss-nymphenburg.de*

K

14.

16.

14

16

## 6. ODEONSPLATZ

*ALTSTADT • Odeonsplatz 1*

Am Odeonsplatz konzentriert sich die Geschichte Münchens an einem Fleck. Der Odeonsplatz streckt sich bis vor die Feldherrnhalle (erbaut 1844, von Friedrich von Gärtner im Auftrag von König Ludwig I.) und wird dort eindrucksvoll von der Theatinerkirche (geweiht 1675) und vom Hofgarten der Residenz (erste Bebauung durch die Burg Neue Veste aus dem Jahr 1385) begrenzt. Er war gedacht als Übergang von der historischen Altstadt zur damals neuen Prachtstraße (Maximilianstraße). Unser Tipp: Auf jeden Fall hinter der Feldherrenhalle durch die „Drückebergergasse“ und dann durch den Hofgarten entlang des Schlosses bis zum Haus der Kunst und zur Eisbachwelle spazieren.

## 13. ALTER SÜDFRIEDHOF

*LUDWIGSVORSTADT-ISARVORSTADT*
*Thalkirchner Straße 17*

An wenigen Orten wird der Charme und die Geschichte Münchens so deutlich wie auf dem über 450 Jahre alten Südfriedhof. Die bekannten Persönlichkeiten, die hier begraben liegen, prägen durch ihr damaliges Wirken noch heute das Stadtbild: Josef von Fraunhofer, Leo von Klenze, Friedrich von Gärtner oder Josef Pschorr. Unterhaltsam und bezeichnend sind zudem die Berufsbezeichnungen: „Ehemaliger Pappdeckelfabrikant“, „Lohnkutscher“, „Tresorfabrikant“ oder „Brauer“.

## 14. ALTE PINAKOTHEK

*MAXVORSTADT • Barer Straße 27*
*pinakothek.de*

Die alte Pinakothek wurde 1836 eröffnet und ist gewissermaßen die Grand Dame der Münchner Museen. Hinsichtlich der Dauerausstellungen sind die Impressionisten der Neuen Pinakothek (mit Bildern von Cézanne, Manet und Monet) unser absoluter Liebling. Doch das Gebäude der Neuen Pinakothek wird renoviert und die Ausstellungen ziehen bis voraussichtlich 2025 in die Alte Pinakothek und die Sammlung Schack. Ein Glück, so gibt es also die schönste Ausstellung im ehrwürdigen Gebäude der Alten Pinakothek.

## 16. LENBACHHAUS

*MAXVORSTADT • Luisenstraße 18*
*lenbachhaus.de*

Das Lenbachhaus mit dem Neubau der Architekten Foster + Partner und die darin enthaltene Städtische Galerie sind in vielerlei Hinsicht ein aufregendes Highlight bei einem München-Besuch. Architektonisch beeindruckt die Kombination der historischen Villa des Malers Lenbach aus dem 19. Jh. mit dem modernen goldenen Kubus. Das Museum beinhaltet unter anderem die unvergessliche Themensammlung „Der Blaue Reiter“ mit Gemälden von Kandinsky, Marc und Klee.

17.

17.

17.

17.

## 17. KÖNIGSPLATZ, GLYPTOTHEK

***MAXVORSTADT** • Königsplatz 3*
*antike-am-koenigsplatz.mwn.de*

Der Königsplatz ist ein historischer Ort der Gegenwart. Hier spürt man förmlich die verschiedenen Ären, die dieser Ort durchlaufen hat, und kann gleichzeitig das Jetzt bei einem Picknick genießen oder auf den Stufen der Glyptothek bei einem Augustiner plaudern und Tischtennis spielen. Die ursprüngliche Konzeption zu Beginn des 19. Jh. stammt von Karl von Fischer im Auftrag von König Ludwig I. und wurde anschließend durch Leo von Klenze weiterentwickelt. In der Zeit des Nationalsozialismus wurde am östlichen Ende der Führerbau errichtet. Das Gebäude beherbergt heute die Hochschule für Musik und Theater. Regelmäßig erklingt klassische Musik aus den offenen Fenstern. Ein kurzer Blick ins Innere lohnt sich.

## 19. WUNDEN DER ERINNERUNG

***MAXVORSTADT***
*Ludwigstraße Ecke Schellingstraße*

Das Projekt „Wunder der Erinnerung“ der Künstler Passow und Weizsäcker weist eindrucksvoll auf Zeugnisse des Zweiten Weltkriegs hin. Wir sind so oft an dieser Ecke an der U-Bahnstation Universität vorbeigegangen und jedes Mal erneut staunen wir über die Einschusslöcher in der roten Backsteinwand, die im krassen Kontrast zum gewöhnlichen, bunten und geschäftigen Treiben an dieser Ecke stehen. Sehr beachtenswert.

## 23. OLYMPIABERG

***SCHWABING** • Martin-Luther-King-Weg*
*olympiapark.de*

Der Besuch des Olympiabergs ist ein wunderbarer Kulturausflug in München. Man hat von hier oben einen herrlichen Blick auf das Olympiastadion (erbaut für die Olympischen Spiele 1972, entworfen durch das Architekturbüro Behnisch & Partner), den Vierzylinderbau von BMW (fertiggestellt ebenfalls 1972, entworfen von Karl Schwanzer) und natürlich über die roten Dächer vom klein erscheinenden „Dorf“ München. Man sollte sich bewusst machen, dass es sich bei diesem „Berg“ um eine künstliche Erhöhung aus den Trümmern in Folge der Zerstörung durch den Zweiten Weltkrieg handelt (Schuttberg). Im Sommer lässt es sich hier zudem ausgezeichnet Picknicken und den Konzerten im Stadion lauschen.

24.

24.

43.

## 24. FRIEDENSENGEL

***BOGENHAUSEN*** • *Prinzregentenstraße*

Das Friedensdenkmal steht auf der Prinzregent-Luitpold-Terrasse. Dieser Ort hat für uns und viele andere eine besondere Energie. Das Denkmal wurde zum 25-jährigen Jubiläum des Friedensschlusses nach dem Deutsch-Französischen Krieg von 1870 bis 1871 erbaut. Hier lassen sich herrliche Sonnenuntergänge mit Blick auf die herrschaftliche Prinzregentenstraße erleben. Unser Tipp: Unbedingt eine Flasche Rosé oder alternativ eine Flasche Münchner Inge (Ingwerlimonade) mitnehmen.

## 43. LOTHRINGER 13 HALLE

***AU-HAIDHAUSEN*** • *Lothringer Straße 13*
*lothringer13.com*

München hat eine großartige und vielfältige Kunstszene, die neben den bekannten Häusern auch kleine persönliche Galerien und versteckte unabhängige Räumlichkeiten bietet. Die Lothringer 13 gehört zu Letzteren und zeigt internationale Gegenwartskunst mit wechselnden Ausstellungen. Der Ausflug hierher lässt sich mit einem Nachmittag in Haidhausen verbinden. Unser Tipp: vorher Mittagessen im Fischhäusl und hinterher Süßes im Fortuna Café oder die wunderschöne Preysingstraße beim Üblacker Häusl entlangspazieren.

# Englischer Garten

1789 machte Kurfürst Karl Theodor das Gebiet des heutigen Englischen Gartens öffentlich zugänglich und deklarierte es als Volkspark. Heute hat der Park jährlich etwa 3,5 Millionen Besucher. Am beliebtesten ist der Teil nahe der Altstadt am Monopteros, der im Sommer durch die vielen Besucher einem Festival ähnelt. Wir gehen gern zum Café im Kiosk, holen uns dort eine Brotzeit und gehen von dort in den Teil südlich des Kleinhesseloher Sees.

Am liebsten sind wir jedoch im Alten Englischen Garten im hohen Norden am Oberstjägermeisterbach. Hier findet man völlige Abgeschiedenheit und kleine Strände zum Schwimmen. Unser Tipp: entweder mit dem Fahrrad fahren oder das Auto beim Aumeister-Biergarten parken und zu Fuß ins Grüne spazieren.

Im Sommer empfehlen wir das Münchner Sommertheater (*muenchner-sommertheater.de*) im Amphitheater.

# Viktualienmarkt

Der Viktualienmarkt entstand im Jahre 1807, als auf Geheiß von König Maximilian I. der zentrale Markt vom Schrannenplatz (heute Marienplatz) dorthin verlegt wurde. Er wurde zum Herzen der Münchner Innenstadt und steht sinnbildlich für das genussvolle und lebenswerte Sein in der bayerischen Hauptstadt. Bereits 1853 entstand auch die Schrannenhalle als damalige Getreidehalle (erbaut von Karl Muffat), in der sich heute das Feinkostgeschäft Eataly befindet.

Unsere Lieblingsgeschäfte auf dem Viktualienmarkt sind Fisch Witte oder Poseidon zum Mittagessen (für Vegetarier Caspar Plautz). Den besten Kaffee gibt es bei der Kaffeerösterei und wir persönlich essen unsere Leberkässemmel oder Schweinebraten-Semmel beim Schlemmermeyer Imbiss am Elise Aulinger Brunnen. Unser Soulmate Gottfried empfiehlt zudem den Tölzer Kasladen und die Fleischerei Hermannsdorfer. Viel Vergnügen beim Entdecken!

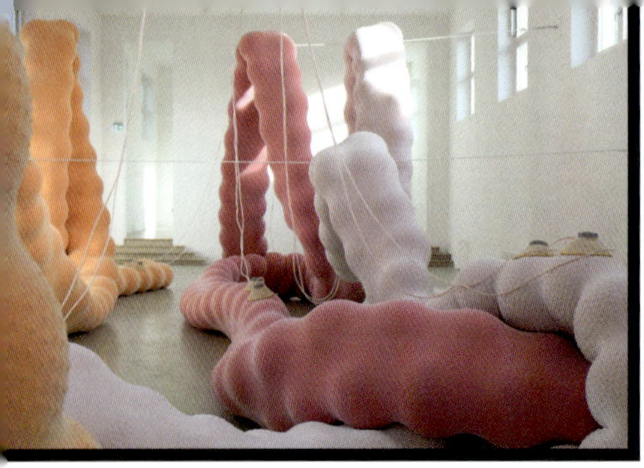

# Kunst

## 32. KUNSTVEREIN

**ALTSTADT** • *Galeriestraße 4 • kunstverein-muenchen.de*

## 33. KUNSTHALLE

**ALTSTADT** • *Theatinerstraße 8 • kunsthalle-muc.de*

## 34. ESPACE LOUIS VUITTON

**ALTSTADT** • *Maximilianstraße 2a • de.louisvuitton.com*

## 35. KUNSTFOYER VKB

**ALTSTADT** • *Maximilianstraße 53*
*versicherungskammer-kulturstiftung.de*

## 36. JAHN UND JAHN

**LUDWIGSVORSTADT-ISARVORSTADT**
*Baaderstraße 56 B und C • jahnundjahn.com*

## 37. GALERIE FÜR FOTOGRAFIE DER GEGENWART

**MAXVORSTADT** • *Schleißheimer Straße 44*
*ingoseufert.com*

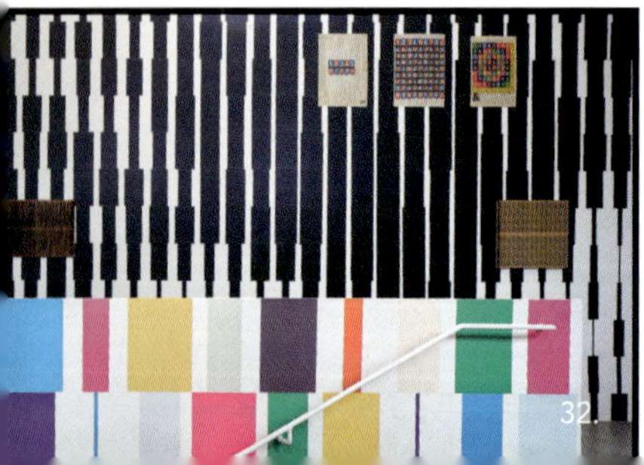

### 38. RÜDIGER SCHÖTTLE

**MAXVORSTADT** • *Amalienstraße 41*
*galerie-schoettle.de*

### 39. SABINE KNUST

**MAXVORSTADT** • *Ludwigstraße 7*
*sabineknust.com*

### 40. BNKR

**SCHWABING** • *Ungererstraße 158* • *bnkr.space*

### 41. SAMMLUNG GOETZ

**BOGENHAUSEN** • *Oberföhringer Straße 103*
*sammlung-goetz.de*

### 42. SPERLING

**AU-HAIDHAUSEN** • *Regerplatz 9*
*sperling-munich.com*

### 43. LOTHRINGER 13 HALLE

**AU-HAIDHAUSEN** • *Lothringer Straße 13*
*lothringer13.de*

### 44. MUCA

**ALTSTADT**
*Hotterstraße 12* • *muca.eu*

# Theater

## 45. RESIDENZTHEATER
**ALTSTADT** • *Max-Joseph-Platz 1*
*residenztheater.de*

## 46. BAYERISCHE STAATSOPER
**ALTSTADT** • *Max-Joseph-Platz 2*
*staatsoper.de*

## 47. KAMMERSPIELE
**ALTSTADT** • *Maximilianstraße 26*
*muenchner-kammerspiele.de*

## 48. GOP VARIETÉ-THEATER
**ALTSTADT** • *Maximilianstraße 47 • variete.de*

## 49. GÄRTNERPLATZTHEATER
**LUDWIGSVORSTADT-ISARVORSTADT**
*Gärtnerplatz 3 • gaertnerplatztheater.de*

## 50. MÜNCHNER VOLKSTHEATER
**MAXVORSTADT** • *Brienner Straße 50*
*muenchner-volkstheater.de*

## 51. AMPHITHEATER IM ENGLISCHEN GARTEN
**SCHWABING** • *Englischer Garten*
*muenchner-sommertheater.de*

## 52. VEREINSHEIM (LESEBÜHNE)

**SCHWABING** • *Occamstraße 8* • *vereinsheim.net*

## 53. PRINZREGENTENTHEATER

**BOGENHAUSEN** • *Prinzregentenplatz 12*
*theaterakademie.de*

## 54. GASTEIG

**AU-HAIDHAUSEN** • *Rosenheimer Straße 5*
*gasteig.de*

## 55. BLUTENBURG-THEATER

**NYMPHENBURG NEUHAUSEN**
*Blutenburgstraße 35* • *blutenburg-theater.de*

# Wiesn

Das Oktoberfest in München (mundartlich: d'Wiesn) ist das größte Volksfest der Welt. Seit 1810 findet es jedes Jahr auf der Theresienwiese in der bayerischen Landeshauptstadt statt. Jährlich generiert es in den zwei Wochen durchschnittlich eine Milliarde € Umsatz. Eröffnet wird es stets am Samstag nach dem 15. September und dauert 16–18 Tage.

Dresscode:
Dirndl + Lederhosn

Besucher: rund 6 Millionen
Konsumiertes Bier: rund 60.000 Hektoliter
Verkaufte Brathendl: knapp 500.000
Preis pro Maß: ca. 12 €

# Hackerbrücke

## SCHWANTHALERHÖHE

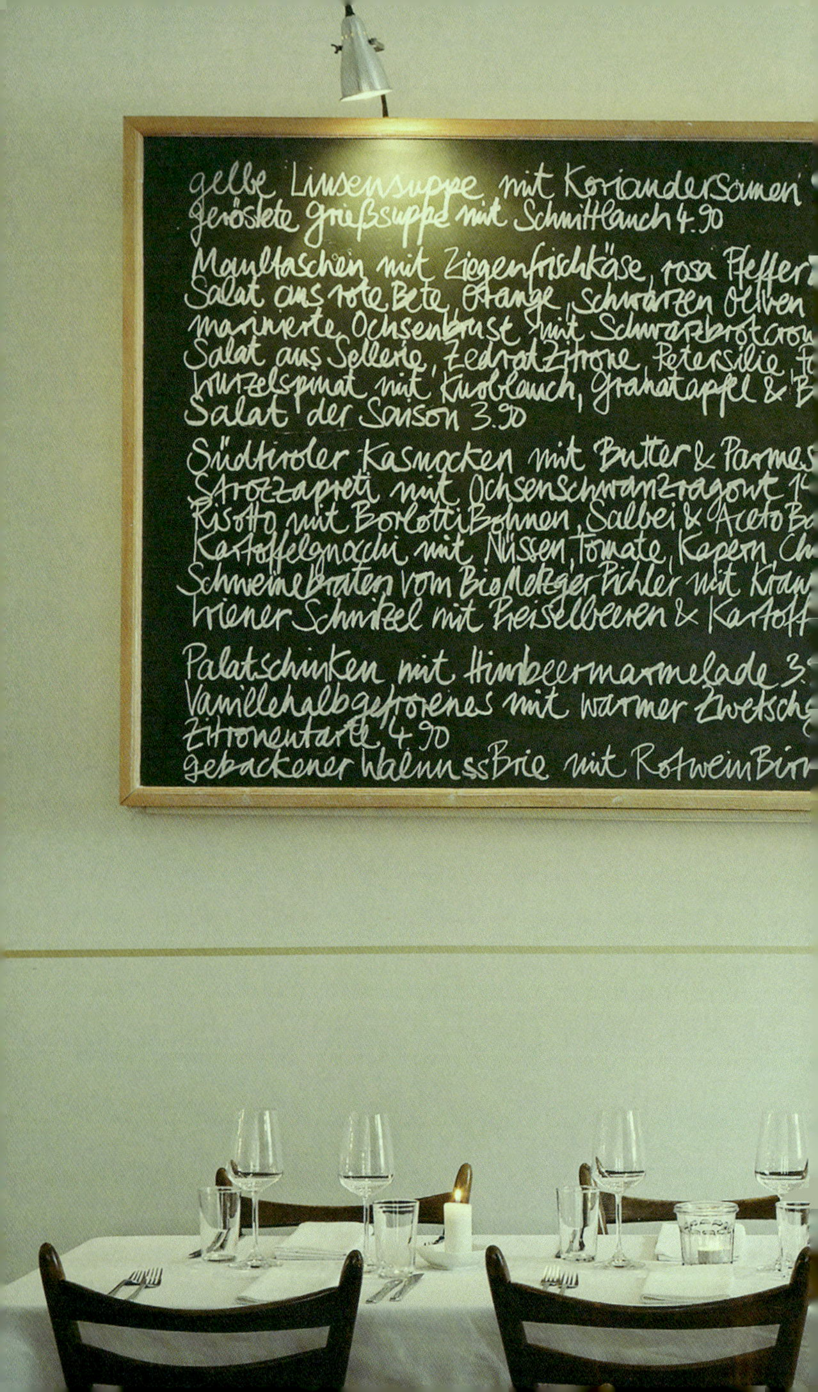
gelbe Linsensuppe mit Koriandersamen
Geröstete Grießsuppe mit Schnittlauch 4.90
Maultaschen mit Ziegenfrischkäse, rosa
Salat aus rote Bete, Orange, schwarzen Oliven
marinierte Ochsenbrust mit
Salat aus Sellerie, Zedratzitrone, Petersilie,
Wurzelspinat mit Knoblauch, Granatapfel &
Salat der Saison 3.90
Südtiroler Kasnocken mit Butter &
Strozzapreti mit Ochsenschwanzragout
Risotto mit Borlotti Bohnen, Salbei &
Kartoffelgnocchi mit Nüssen, Tomate, Kapern,
Schweinebraten vom BioMetzger Pichler mit
Wiener Schnitzel mit Preiselbeeren &
Palatschinken mit Himbeermarmelade
Vanillehalbgefrorenes mit warmer
Zitronentarte 4.90
gebackener WalnussBrie mit

# 5. Essen & Trinken

*„Die Kultur hängt von der Kochkunst ab.“*
– Oscar Wilde

In München findet man herzliche alteingesessene Wirtshäuser wie das Weinhaus Neuner oder Beim Sedlmayr, extravagante Fine Dining Lokale wie das weltweit bekannte Tantris und neue, kreative Food-Konzepte, wie man sie in der Weinbar Grapes oder im Der Dantler genießen kann. Der Viktualienmarkt ist eine kulinarische Institution im Herzen der Stadt und findet seit 1807 täglich, außer an Sonn- und Feiertagen, statt. Ein Besuch dort gehört ebenso dazu, wie ein klassisches Weißwurstfrühstück, eine ordentliche Haxn, eine Mass und ein Besuch im Biergarten. Aber eben auch ein Döner im Türkitch, eine Fischsuppe am Wiener Platz oder eine Frühstücksbowl in Mary's Coffee Club sind Pflicht.

M = Mittag · A = Abend
€ = günstig · €€ = moderat · €€€ = gehoben · €€€€ = Gourmet

# 56. SCHWARZREITER

**ALTSTADT** • *Maximilianstraße 17*
*schwarzreiter-muenchen.de • 089 21 25 21 25 • M/A, €€€€*

Küchenchefin Maike Menzel ist die erste Sterneköchin Münchens. Aktuell hat sie sich jedoch in Babypause begeben und damit an ihren ehemaligen Sous Chef Hannes Reckziegel übergeben. Nun verzaubert dieser seine Gäste mit Finesse und einer kreativen Young Bavarian Cuisine. Er führt die Tradition von Maike Menzel fort und sorgt somit für frischen Wind im ehrwürdigen Haus des Hotel Vier Jahreszeiten Kempinski an der Maximilianstraße, welches zu diesem Anlass das Restaurant frisch renovierte. Zum Lunch ist die Tagesbar geöffnet und bietet mit dem Daily Dish ein besonders attraktives Angebot.

# 57. GRAPES

**ALTSTADT** • *Ledererstraße 8a*
*grapes-weinbar.de • 089 242 24 95 04 • A, €€€*

Im Herzen Münchens liegt diese außerordentlich stilvolle und gleichzeitig gemütliche Weinbar, die uns mit herzlich kompetentem Service, kleinen zelebrierten Gerichten und einem ausgezeichneten Naturwein überzeugt. Auch zu später Stunde unter der Woche werden die freien Tische immer wieder besetzt, die Atmosphäre ist daher lebendig und gesellig. Das Bier gibt es hier naturgemäß im Weinglas.

# 58. WEINHAUS NEUNER

**ALTSTADT** • *Herzogspitalstraße 8*
*weinhaus-neuner.de • 089 260 39 54 • M/A, €€€*

Das edle Weinhaus besticht durch eine beseelte gemütliche Wirtshaus-Atmosphäre, die hier durch die beeindruckende Geschichte seit 1892 geprägt wurde. Serviert werden ausschließlich bayerische und österreichische Gerichte aus regionalen Zutaten, die aus bayerischen Gärten, Gewässern und den Weiden des Voralpenlandes kommen.

59.

59

62.

61.

60

59.

60

## 59. KOI

*ALTSTADT • Wittelsbacherplatz 1*
*koi-restaurant.de • 089 89 08 19 26*
*A, €€€€*

Ein Spaziergang durch den nahegelegenen Hofgarten ist der perfekte Auftakt für einen gediegenen Abend im KOI. Auf zwei Etagen verteilen sich wunderschönes Interieur, eine Bar im 50er-Jahre-Stil und allerlei exklusives Publikum. Die japanischen Leckereien im Izakaya-Stil lassen sich hervorragend teilen und so hat man die Chance möglichst viele der wirklich köstlichen Fusion-Kreationen zu probieren.

## 60. TRADER VIC'S

*ALTSTADT • Promenadeplatz 4*
*bayerischerhof.de • 089 212 09 95*
*A, €€€€*

In der Kellerbar des Hotels Bayerischer Hof genießt man polynesische Küche, schlürft Südsee-Cocktails aus Tiki-Bechern – der Mai Tai ist legendär! – und staunt über das seit den 70ern unverändert exotische Interieur samt Kugelfischlampen. Ein Lieblingstipp unserer Soulmate Saskia Diez.

## 61. THE GRILL

*ALTSTADT • Lenbachplatz 8*
*the-grill-munich.de • 089 45 20 59 50*
*A, €€€*

Ob Kobe-Rind oder Atterochs, im Grill (mit den bekannten Schwester-Restaurants KOI und Oskar Maria im Literaturhaus) dreht sich alles um erlesene Produkte und deren perfekte Zubereitung. Das großartige Ambiente im denkmalgeschützten Künstlerhaus inklusive Dachterrasse ist der würdige Rahmen, um die gehobene Fleischeslust zu zelebrieren. Der Service sucht seinesgleichen. Eine Adresse für den ganz besonderen Abend.

## 62. BUFFET KULL

*ALTSTADT • Marienstraße 4*
*buffet-kull.de • 089 22 15 09 • A, €€€*

Das Buffet Kull ist eine Institution in der Münchner Gastronomie-Szene und kann auf über 20 Jahre Bewirtung zurückblicken. Die Stimmung ist ganz nach dem Flair eines französischen Bistros laut und fröhlich. Die Tische stehen eng, es ist gesellig. Endlich mal wieder leckere Moûles Frîtes, serviert auf authentisch rot-weiß karierter Tischdecke!

# 63. TIAN

*ALTSTADT • Frauenstraße 4*
*tian-restaurant.com/muenchen • 089 885 65 67 12 • M/A, €€€*

Hier wird die vegetarische Küche zur Kunstform erhoben. Nicht oft wird so kreativ mit Gemüse und Gewürzen umgegangen. Was hier auf dem Teller landet, ist nicht nur Gaumenschmaus, sondern auch immer eine Augenweide. Das TIAN in Wien hat bereits einen Stern. Die jüngere Münchner Schwester hat diese Ehre nun auch erhalten.

# 64. MANU.

**ALTSTADT** • *Rumfordstraße 1*
*manu-muenchen.de • 089 26 02 41 74 • M/A, €€*

Das Manu führt die schöne Gastro-Tradition der Vorbesitzer in eine neue Ära. Inhaber Tamás hat die Lokalität von den Vorbesitzern (Walter & Benjamin) übernommen und gemeinsam mit seinem Küchenchef Max ein neues Zuhause für anspruchsvolle Genießer und Weinkenner geschaffen. Trotz neuem Namen sind die anspruchsvolle Küche, der persönliche Charme und die spannende Weinauswahl geblieben – Weinlieferant ist weiterhin die benachbarte Weinhandlung Walter & Benjamin. Egal ob zum 5-Gänge-Menü oder auf ein Glas Wein, wir wünschen viel Vergnügen.

68.

65.

67.

65.

67.

## 65. VINOTHEK BY GEISEL

**LUDWIGSVORSTADT-ISARVORSTADT**

*Schützenstraße 11 • excelsior-hotel.de*
*089 551 37 71 40 • M/A, €€€*

Weinbars erfreuen sich überall größter Beliebtheit und die Vinothek besitzt dabei unter diesen nunmehr vielfältigen Genusslokalen eine rustikale und traditionelle Natur. Das Kellergewölbe mit dem urigen Interieur bringt das zum Ausdruck. Die stolze Weinauswahl mit über 700 Flaschenweinen ist vom Feinsten. Es wird zudem eine Vielzahl von 20 Sorten als offene Weine zur Verkostung angeboten. Ein selbst gewähltes Drei-Gänge-Menü mit einem Glas Riesling liegt bei etwa 50 Euro.

## 66. HAGURUMA

**LUDWIGSVORSTADT-ISARVORSTADT**

*Baaderstraße 62 • 089 13 93 99 26*
*M/A, €€*

Einfach echt Japanisch! Auf kleinem Raum werden in diesem Familienrestaurant ganz unschick, aber dafür ganz authentisch, leckere und teils überraschende japanische Gerichte serviert. Ein Lieblingstipp unserer Soulmate Saskia Diez, die hier dringend das Agedashi Tofu empfiehlt.

## 67. GOLDMARIE

**LUDWIGSVORSTADT-ISARVORSTADT**

*Schmellerstraße 23 • goldmarie-muenchen.de • 089 51 66 92 72 • M/A, €€*

Ein Besuch in der Goldmarie lässt sich wunderbar mit einer Visite beim Schlachthof verbinden. Im Schlachthof lassen sich die bunten Graffitiwände bestaunen und im Winter befindet sich hier ein sehr schöner Weihnachtsmarkt. Die Gerichte im Goldmarie sind klassischer Natur auf elegante und moderne Weise. Die Speisen sind zum Genießen und Wühlfühlen und reichen von Maultaschen, über Südtiroler Kasnocken bis hin zum heiß geliebten Schweinebraten.

## 68. QUATTRO TAVOLI

**LUDWIGSVORSTADT-ISARVORSTADT**

*Dreimühlenstraße 10 • quattrotavoli.com*
*089 74 11 81 57 • A, €€*

Jeder braucht einen Stammitaliener und dieses nette kleine italienische Restaurant im Dreimühlenviertel eignet sich perfekt dazu und ist ein Tipp unserer Soulmate Saskia Diez. Und draußen sitzen kann man auch noch! Ach ja, das Essen ist natürlich herzlich italienisch und egal ob man Pizza, Pasta oder Fleisch wählt, es wird ein leckerer Abend.

# 69. PESCHERIA

**LUDWIGSVORSTADT-ISARVORSTADT** • *Fraunhoferstraße 13*
*demnächst: Pettenkoferstraße 1*
*pescheria.de • 089 24 21 40 27 • M/A, €€*

Die Pescheria wurde 2012 eröffnet und liegt zwischen Glockenbachviertel und Gärtnerplatz. Beim Betreten des Restaurants macht die Auslage an frischem Fisch Appetit auf die vorzügliche Fischsuppe und gegrillte Dorade. Die gemütliche Atmosphäre ist eine stilvolle Mischung aus bayerischem Wirtshaus und italienischer Trattoria.

# 70. KATOPAZZO

**MAXVORSTADT** • *Amalienstraße 87*
*katopazzo.de • 089 51 11 03 85 • M/A, €€*

Hinter diesem 2014 eröffneten modernen Restaurant-Konzept stehen die erfolgreichen Gastronomen vom Hey Luigi und Nage & Sauge. Serviert werden fantastisch angerichtete Bowls und göttliche Hermannsdorfer Rippchen in cooler Dinner-Atmosphäre. Für alle, die danach noch auf einen Drink gehen wollen: Im Keller befindet sich die zum Restaurant gehörende Totem Bar.

73.

75.

72.

72.

75.

75.

## 71. FINK'S SÜDTIROLER KNÖDELKÜCHE

**LUDWIGSVORSTADT-ISARVORSTADT**
*Klenzestraße 40 • finks.eu*
*089 24 20 66 02 • M/A, €*

Unweit vom Gärtnerplatz haben es sich die beiden Brüder Valentin und Johannes zur Aufgabe gemacht den Münchnern eine kulinarische Sehnsucht zu stillen – nämlich die nach original Südtiroler Knödeln! Die Eltern der beiden betreiben ein Gasthaus in Bozen und diese kulinarischen Wurzeln schmeckt man in der Knödelküche. Neben Südtiroler Weinen kommen auch der Speck, der Käse und die Eier aus der dortigen Region.

## 72. ROECKLPLATZ

**LUDWIGSVORSTADT-ISARVORSTADT**
*Isartalstraße 26 • roecklplatz.de*
*089 45 21 71 29 • A, €€*

Was Jamie Oliver kann, kann Sandra Forster schon lange. Dass Ausbildungsrestaurant und feine, mediterrane Küche wunderbar zusammengehen, zeigt die mehr als zehnjährige Erfolgsgeschichte des Lokals, in dem auch vegane Vorlieben bestens bedient werden.

## 73. WALDMEISTEREI

**MAXVORSTADT** • *Barer Straße 74*
*089 18 94 69 56 • F/M, €€*

Ein klasse Frühstückslokal an jedem Tag der Woche – wobei die wechselnden Mittagsgerichte auch hervorragend und wunderschön anzusehen sind. Dielenfußboden, Holztische und gedeckte Farben, hier fühlt man sich wohl, eine stilvolle schlichte Gemütlichkeit in der Maxvorstadt. Danach am besten nebenan bei the second Gerdismann stöbern oder einen Spaziergang auf dem Nordfriedhof unternehmen.

## 74. SHIMAI

**MAXVORSTADT** • *Theresienstraße 87*
*shimai.de • 089 66 54 92 68 • M/A, €€*

Die extravagante Einrichtung passt hervorragend zum Konzept: moderne asiatische Küche. Klassiker wie Dumplings, Pho und Wokgerichte werden hier ebenso köstlich serviert wie Rindertatar und frittierter Tintenfisch. Draußen sitzen kann man auch, verpasst dann allerdings das coole Interieur.

## 75. SUSHIYA SANSARO

**MAXVORSTADT** • *Amalienstraße 89*
*sushiya.de • 089 28 80 84 42 • M/A, €€€*

Seit über zehn Jahren ist das Sushiya sansaro unter den besten Adressen für Sushi in München. Das Sushi-Angebot in München ist vergleichsweise hoch, doch die Sushiya überzeugt durch einen besonderen Anspruch an die Qualität der verwendeten Produkte. Es wird viel Wert auf Bio-Herkunft gelegt. Das Ambiente ist authentisch japanisch, also eher unaufgeregt, mit einem langen Holztisch im Zentrum und der Sushi-Theke immer im Blick.

# 76. TANTRIS

**SCHWABING** • *Johann-Fichte-Straße 7*
*tantris.de • 089 361 95 90 • A, €€€€*

»Unsere Grundaufgabe ist es, das Tantris für die Zukunft aufzustellen«, sagt Matthias Hahn, der Nachfolger der langjährigen Sternekoch-Legende Hans Haas. Das 50-jährige Jubiläum im Dezember 2021 ist Anlass für eine umfassende Neugestaltung des Tantris. Unter dem Dach des denkmalgeschützten Gebäudes von Architekt Justus Dahinden wird es zwei Restaurants mit jeweils eigenen Küchenchefs geben. Wir vertrauen dem kulinarischen Feingespür des Inhaberpaars Eichbauer und wagen eine Empfehlung vor der eigentlichen Eröffnung.

# 77. THE HUTONG CLUB

**SCHWABING** • *Franz-Joseph-Straße 28*
*thehutongclub.de • 089 38 38 03 43 • A, €€€*

Die gekonnte Revolution des chinesischen Restaurants. Ausgezeichnete moderne chinesische Kulinarik in coolem Clubambiente. Bei der Bestellung dürfen keinesfalls die leckeren Rippchen mit Hoisinsauce und Dumplings fehlen. Ein weiteres Highlight bei einem Besuch sind sicherlich die außergewöhnlichen Cocktails, die gemeinsam mit dem schicken Interieur auf eine lange Nacht einstimmen.

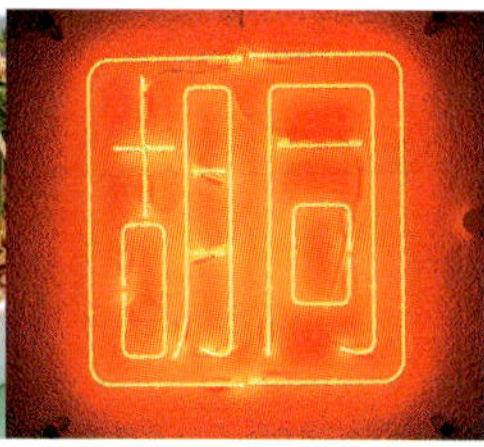

*Kein Genuss ist vorübergehend:*
*denn der Eindruck,*
*den er zurückläßt, ist bleibend.*
– Goethe

## 78. JAVI

***SCHWABING** • Schleißheimer Straße 182*
*javi-restaurant.de • 089 30 66 67 70*
*M/A, €€*

Mit Japan und Vietnam verbindet das JaVi zwei unserer Lieblingsküchen. Das liegt hier in der Natur der Sache, denn Inhaber Manh Hung Tran stammt aus Vietnam und arbeitet seit über 20 Jahren als Sushi-Koch. Das Interieur ist stilvoll. Mittags wie abends eine verlässliche Wahl in Schwabing.

## 79. CHOPAN SCHWABING

***SCHWABING** • Occamstraße 3*
*chopan-schwabing.de • 089 38 88 86 52*
*A, €€*

Ein Ausflug in die afghanische Küche und ihre Gewürzzauberwelt lohnt hier besonders. Es schmeckt wirklich alles, aber der ewige Sieger ist eine Vorspeise – der geschmorte Kürbis mit Tomaten-Safran-Sauce. Wenn wieder einmal kein Platz frei sein sollte, zwei weitere Restaurants gibt es in Neuhausen und am Gasteig.

## 80. COCHINCHINA

***SCHWABING** • Kaiserstraße 28*
*cochinchina.de • 089 38 98 95 77*
*M/A, €€€*

Ein Lieblingstipp unserer Soulmates Bele und Patrik Muff. Die Inhaber des Restaurants Anh-Thu haben hier eine zweite Dependance eröffnet. Die vietnamesich-chinesischen Speisen sind ebenso köstlich wie aus dem Anh-Thu bekannt. Das Interieur ist schicker und moderner, der Raum allerdings deutlich größer und offener, daher weniger persönlich.

## 81. GRIST & GRAIN

***SCHWABING** • Wilhelmstraße 43*
*www.grist-grain.de • 089 23 02 08 28*
*M/A, €€*

Inhaber Dirk Gerrard serviert in seinem charmanten und eleganten Restaurant eine internationale Küche aus bayrischen Produkten, die meist von kleineren Familienbetrieben aus dem Umland stammen. Signature Speisen im Grist & Grani sind sicherlich die hausgemachte Tagliatelle Primavera, das Filet vom bayerischen Alm Ochsen und der Lava Kuchen aus dunkler Schokolade!

## 82. ANH-THU

***SCHWABING** • Kurfürstenstraße 31*
*anh-thu.de • 089 27 37 41 17 • M/A, €€€*

Wir lieben vietnamesische Küche und so waren wir glücklich, als wir das schon 2009 eröffnete Restaurant Anh-Thu entdeckten. Mittlerweile gibt es einige sehr gute vietnamesische Restaurants in München, doch dieses gehört zu den Pionieren und überzeugt weiterhin durch die coole und schicke Atmosphäre, vor allem am Abend, und durch die besonders edel angerichteten Speisen.

83.

83.

84.

83.

84.

84.

## 83. KÄFER-SCHÄNKE

*BOGENHAUSEN • Prinzregentenstraße 73 • feinkost-kaefer.de 089 416 82 47 • M/A, €€€*

Die Käfer-Schänke ist für uns auf ewig in guter Erinnerung, denn in einem der 15 separaten und individuell eingerichteten Räume haben wir nach unserer standesamtlichen Hochzeit in der Mandlstraße unser Hochzeitsessen im privat intimen Rahmen zelebriert. Doch auch das offene Restaurant gehört zu den wichtigsten kulinarischen Bühnen der Stadt. Das Vier-Gänge-Menü in dieser gediegenen Bogenhausener Institution liegt bei ca. 110 Euro.

## 84. DOMAINES KILGER WEINHÄUSL

*AU-HAIDHAUSEN • Wiener Platz 4 weinhaeusl-muenchen.de 089 23 23 97 99 79 • M/A, €€€*

Unsere Soulmate Lea Rieck hat dieses Weinhäusl am Wienerplatz für sich und uns entdeckt. Das denkmalgeschützte Haus aus dem 19. Jh. wurde liebevoll renoviert. Die Küche von Chef Sebastian Ferk konzentriert sich auf Bisonfleisch und Wein – das Fleisch kommt nur von der eigenen Bisonzucht in Siebenbürgen und die Weine von den eigenen Weingütern aus Österreich. Auch tagsüber gibt es leckere Angebote.

## 85. KEKO

*AU-HAIDHAUSEN • Mariahilfstraße 24 keko-restaurant.com • 089 65 99 69 • A, €€*

Das unscheinbare und etwas abgelegene Restaurant gehört seit Langem zu unseren liebsten türkischen Speiselokalen. Der Service ist jedes Mal, als würde man zur Familie nach Hause kommen. Der Name ist hier Programm: Wie ein „Guter Freund“ wird man in der traditionellen, türkischen Taverne am Mariahilfplatz bewirtet. Ein Muss sind die Keko-Köfte. Aber Vorsicht bei den vorab gereichten Peperoni, die sind schärfer, als sie aussehen.

# 86. MUN

**AU-HAIDHAUSEN** • *Innere Wiener Straße 18*
*munrestaurant.de • 089 62 80 95 20 • A, €€€*

Bei diesem preisgekrönten High-End Fusion Gastro-Konzept trifft Asien auf Argentinien. Wer sich für eines der Degustationsmenüs entscheidet, macht nichts falsch und darf sich auf göttliches Sushi (mit Soja-Sauce aus Eigenproduktion) und neu interpretiertes Bibimbap mit Steak-Topping freuen. Unbedingt auf die exzellente Weinbegleitung vertrauen!

# 87. SHOWROOM

**AU-HAIDHAUSEN** • *Lilienstraße 6*
*www.showroom-restaurant.de • 089 44 42 90 82 • A, €€€€*

Ein unkonventionelles Sternerestaurant mit viel Freude und Kreativität, wie wir es lieben. Der Michelin Stern wurde damals noch dem Vorgängerrestaurant Schweiger[2] unter Andreas und Franziska Schweiger verliehen. Das heutige Restaurant Showroom, welches vom damaligen Sous Chef und heutigem Küchenchef Dominik Käppeler mit viel Passion geführt wird, verteidigt die Ehre mit Bravour. Das Sieben-Gänge-Menü (150 Euro) richtet sich nach der Saison und wechselt alle 14 Tage. Viel Vergnügen in diesem sehr persönlichen Sternelokal.

88.

88.

89.

88

88

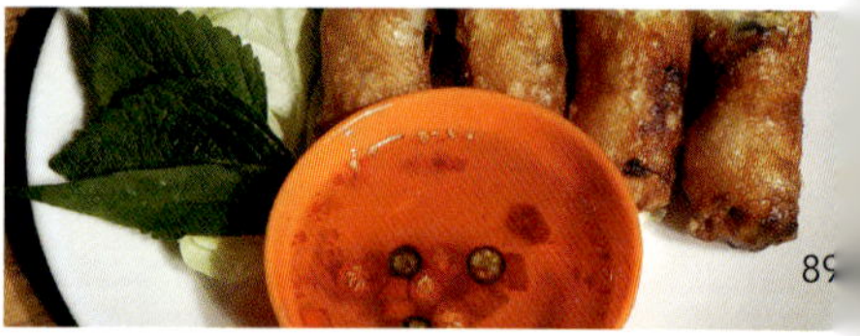
89

8

## 88. CHEZ FRITZ

***AU-HAIDHAUSEN*** *• Preysingstraße 20*
*chezfritz.de • 089 448 76 76 • A, €€€*

Die französische Brasserie begeistert mit nostalgischem Flair und authentischen Klassikern wie Bouillabaisse, Steak Frites oder Tatar. Drinnen wird es an den kleinen, mit Karotuch eingedeckten Tischchen auch mal kuschelig eng. Wer im Sommer auf der luftigeren Terrasse Platz nimmt, schaut auf sattgrüne Bäume und die rote Backsteinfassade der Haidhauser St. Johannes-Kirche.

## 89. CHARLIE

***GIESING*** *• Schyrenstraße 8 • charl.ie*
*089 48 05 82 44 • A, €€*

Das Charlie hat eine ganz besondere Bedeutung in unserem Leben. Hier haben wir uns das erste Mal getroffen, miteinander geredet und verabredet. Nun sind wir sechs Jahre glücklich verheiratet und haben drei gemeinsame Kinder. Welch ein tolles Omen für ein Restaurant. Das Konzept ist aber auch einfach großartig: erst gemeinsam mit Freunden herrliche Feuertöpfe zelebrierend löffeln und anschließend zum Tanzen und Feiern in den Club eine Etage tiefer. Viel Vergnügen beim Kennenlernen!

## 90. ACETAIA

***NYMPHENBURG NEUHAUSEN***
*Nymphenburger Straße 215 • restaurant-acetaia.de • 089 13 92 90 77 • M/A, €€€*

Welch wundervolles Gourmet Restaurant im schillernden Jugendstil-Ambiente! Nymphenburg ist eine ganz eigene anmutige und herrschaftliche Seite von München und das Acetaia ist ein Spiegel dessen. Das feine italienische Restaurant liegt zudem perfekt, um den Stadtteil mit einem Spaziergang entlang des Nymphenburger Kanals mit Blick auf das Schloss zu erleben. Die Hauptgerichte liegen bei etwa 30 Euro.

# 91. DER DANTLER

*GIESING • Werinherstraße 15*
*derdantler.de • 089 39 29 26 89 • M/A, €€€*

Seit der Eröffnung des Restaurants und dessen Vorgänger Upper Eat Side sind wir große Fans! Inhaber Jochen Kreppel und Maximilian Süber sind passionierte Wirte und empfangen ihre Gäste mit viel Freude und Enthusiasmus. In herrlich ungezwungenem Rahmen gibt es eine kleine kreative Karte mit ausgezeichneter Getränkebegleitung. Hier versteht man sein Handwerk und ist nie zu müde für neue raffinierte köstliche Gerichte. Eine ganz dringende Empfehlung für einen gelungenen Abend. Unbedingt reservieren!

# 92. BROEDING

**NYMPHENBURG NEUHAUSEN** • *Schulstraße 9*
*broeding.de • 089 16 42 38 • A, €€€€*

Ein großartiger Geheimtipp für exzellentes Fine Dining mit Persönlichkeit und Tradition! Seit über 30 Jahren schreibt das Broeding erfolgreiche Restaurant-Geschichte. Manuel Reheis ist hier neben Gottfried Wallisch der Inhaber und zugleich auch der erfindungsreiche und passionierte Chefkoch, was ein Teil des Erfolgsrezepts sein mag. Das täglich wechselnde gesetzte Fünf-Gänge-Menü liegt bei 85 Euro, die äußerst lohnenswerte und sympathische Weinbegleitung mit einem Fokus auf Österreich bei zusätzlichen 55 Euro.

96.

## 93. RIVA BAR

**ALTSTADT** • *Tal 44 • riva-tal.de*
*089 22 02 40 • M/A, €€*

## 94. GRANO

**ALTSTADT** • *Sebastiansplatz 3*
*089 23 26 99 39 • M/A, €€*

## 95. SOUL KITCHEN

**LUDWIGSVORSTADT-ISARVORSTADT**
Fraunhoferstraße 27 A
soulkitchen-munich.de
*089 23 04 15 44 • M/A, €*

## 96. FUGAZI

**LUDWIGSVORSTADT-ISARVORSTADT**
Wittelsbacherstraße 15 • fugazi.pizza
*089 201 00 59 • M/A, €€*

## 97. CIAO RAGAZZI

**MAXVORSTADT** • Schellingstraße 27
pizzeriaciaoragazzi.de • *089 28 80 37 95*
*M/A, €€*

93.

96.

93.

# Pizza

93.

### 98. THE ITALIAN SHOT

**MAXVORSTADT** • *Theresienstraße 40*
*italianshot.com • 089 18 91 46 99 • M/A, €€*

### 99. PIZZESCO

**AU-HAIDHAUSEN** • *Rosenheimer Straße 12*
*pizzesco.com • 089 67 97 28 12 • M/A, €*

98.

98.

# Biergärten

### 100. AUMEISTER
**SCHWABING** • *Sondermeierstraße 1*
*aumeister.de • 089 18 93 14 20*

### 101. HIRSCHAU
**SCHWABING** • *Gyßlingstraße 15*
*hirschau-muenchen.de • 089 36 09 04 90*

### 102. MUFFATWERK
**AU-HAIDHAUSEN** • *Zellstraße 4*
*muffatwerk.de • 089 45 87 50 73*

### 103. WALDWIRTSCHAFT
**PULLACH** • *Georg-Kalb-Straße 3*
*waldwirtschaft.de • 089 74 99 40 30*

### 104. INSEL MÜHLE

**UNTERMENZING** • *Von-Kahr-Straße 87*
*inselmuehle-muenchen.com • 089 810 10*

### 105. BIERGARTEN AM WIENER PLATZ

**AU-HAIDHAUSEN** •
*Innere Wiener Straße 19 • hofbraeukeller.de*
*089 459 92 50*

### 106. TAXISGARTEN

**NEUHAUSEN-NYMPHENBURG**
*Taxisstraße 12 • taxisgarten.de*
*089 15 68 27*

### 107. ZUM FLAUCHER

**SENDLING** • *Isarauen 8*
*zumflaucher.de • 089 723 26 77*

### 108. GUTSHOF MENTERSCHWAIGE

**GIESING** • *Menterschwaigstraße 4*
*menterschwaige.de • 089 64 07 32*

### 109. SCHINDERSTADL

**SENDLING** • *Isarauen 2 • haberl.de*
*089 28 85 96 86*

# Wirtshäuser

### 110. SPATENHAUS AN DER OPER

ALTSTADT • Residenzstraße 12 • kuffler.de
089 290 70 60 • M/A, €€€

### 111. BEIM SEDLMAYR

ALTSTADT • Westenriederstraße 14
089 22 62 19 • M/A, €€

### 112. MAXIMILIAN

LUDWIGSVORSTADT-ISARVORSTADT
Westermühlstraße 32 • wirtshaus-maximilian.de
089 74 04 08 54 • M/A, €€

### 113. GÖRRESHOF

MAXVORSTADT • Görresstraße 38
goerreshof.de • 089 20 20 95 50 • M/A, €€

### 114. KAISERGARTEN

SCHWABING • Kaiserstraße 34 • kaisergarten.com
089 34 02 02 03 • M/A, €€

### 115. ST. EMMERAMSMÜHLE

BOGENHAUSEN • St. Emmeram 41
emmeramsmuehle.de • 089 95 39 71
M/A, €€€

### 116. ZUM KLOSTER

AU-HAIDHAUSEN • Preysingstraße 77
089 447 05 64 • M/A, €€

### 117. WIRTSHAUS IN DER AU

AU-HAIDHAUSEN
Lilienstraße 51 • wirtshausinderau.de
089 448 14 00 • A, €€€

## 118. GIESINGER BRÄUSTÜBERL

**GIESING** • *Martin-Luther-Straße 2*
*giesinger-braeu.de • 089 55 06 21 84 • M/A, €€*

## 119. GASTSTÄTTE GROSSMARKTHALLE

**SENDLING** • *Kochelseestraße 13*
*gaststätte-grossmarkthalle.de • 089 76 45 31 • M, €€*

## 120. SERVUS HEIDI

**SCHWANTHALERHÖHE** • *Landsberger Straße 73*
*servusheidi.de • 089 55 27 63 03 • A, €€*

## 121. ZUR SCHWALBE

**SCHWANTHALERHÖHE** • *Schwanthalerstraße 149*
*zurschwalbe.com • 089 23 02 14 47 • M/A, €€*

# Einfach gut Mittagessen

122.

123.

128.

12

12

12

## 122. SCHUMANNS TAGESBAR

*ALTSTADT • Maffeistraße 6*
*schumanns.de • 089 24 21 77 00 • M, €€€*

Nirgendwo sitzt es sich schöner, um bei einem exquisiten Lunch oder einem Aperol Spritz das Münchner Stadtleben zu betrachten.

## 123. FISCH WITTE

*ALTSTADT • Viktualienmarkt 9*
*fisch-witte.de • 089 22 26 40 • M, €€*

Für Chris als Hamburger ein Stück Heimat: die Fischbrötchen mit Flusskrebsen bei Fisch Witte. Wer reingeht, bringt Zeit mit und hat die Qual der Wahl bei der wunderbaren Auslage.

## 124. IDA'S MILCHLADEN

*ALTSTADT • Kreuzstraße 23*
*idasmilchladen.de • 089 26 39 25 • M, €*

Die Schlange reicht bis weit auf die Straße, doch die Wartezeit lohnt sich. Nirgends gibt es bessere Fleischpflanzerl mit Kartoffelsalat. Ida, wir lieben dich.

## 125. CASPAR PLAUTZ

*ALTSTADT • Viktualienmarkt*
*casparplautz.de • M, €*

Theo und Dominik mischen den altehrwürdigen Viktualienmarkt auf und machen die „olle Knolle“ wieder cool. 20 Sorten Kartoffeln kann man bei ihnen kaufen – vom Bamberger Hörnla bis zur Mecklenburger Schnecke – und dazu brutzeln die beiden Hobbyköche täglich frisch kartoffeliges Soul-Food vom Feinsten.

## 126. LEDU

*ALTSTADT • Karlsplatz 1 (Passagen)*
*ledu.restaurant • M, €*

Viele Mittagspausen haben wir beim Dumpling Essen im LeDu verbracht. Immer super!

## 127. CHI THU

*LUDWIGSVORSTADT-ISARVORSTADT*
*Pestalozzistraße 16 • chithu.de*
*089 21 02 22 00 • M/A, €€*

Wow, so lecker! Die belegten Baguettes, die Curries, die Rollen – alles wird mit viel Liebe und Können zubereitet. Nur auf den kleinen Hockern sitzt es sich etwas ungemütlich – authentisch eben und darum nicht für Bayern gemacht.

## 128. IL PICCOLO PRINCIPE

*LUDWIGSVORSTADT-ISARVORSTADT*
*Kapuzinerstraße 48 • 089 721 34 50*
*M/A, €€*

Unser Stammitaliener zum Lunch mit wechselnden authentisch italienischen Speisen. Die originale Trattoria-Stimmung gibt es obendrauf.

# Einfach gut Mittagessen

133.

133

133

133.

133.

133

## 129. SOUXE MEZÉ

*SCHWABING • Feilitzschstraße 10*
*souxemeze.de • €*

Täglich frisch zubereitete griechische Mezedes. Perfekt als Lunch Snack und super zum Teilen, damit man auch möglichst viele der kleinen Gänge kosten kann!

## 130. LONGGRAIN THAI CUISINE

*SCHWABING • Belgradstraße 45*
*longgrain.de • 089 32 66 75 82 • M/A, €*

Einfache gute Thai-Küche! Wir lieben besonders das Hühnchen mit Cashew und Chili.

## 131. VINI E PANINI

*SCHWABING • Nordendstraße 45*
*viniepanini.de • 089 272 17 43 • M, €*

Ein Lieblingstipp unserer Soulmate Rahmée Wetterich. Seit 30 Jahren kocht hier Andrea Boscagli Rezepte nach seiner Großmutter und veröffentlicht diese in seinem Kochbuch „Simplice".

## 132. MARK'S FEINKOST

*BOGENHAUSEN • Kufsteiner Platz 3*
*feinkost-marks.de • 089 98 47 84 • M, €€*

Charmanter und schicker Feinkostladen mit toller Atmosphäre im noblen Bogenhausen. Die Mittagsgerichte sind exzellent, die Snacks am Nachmittag ein Gedicht und der Kaffee aus eigener Röstung. Und Delikatessen für das nächste Picknick kann man auch noch einkaufen.

## 133. FISCHHÄUSL

*AU-HAIDHAUSEN • Wiener Platz 9*
*M, €€*

Mitten auf dem Wiener Platz in der Sonne sitzen und fantastische gemischte Fischteller genießen. Der Fisch, den man sich selbst zusammenstellen kann, wird hier mit einem wilden würzigen Mix an frischen Kräutern gebraten. Es gehört zum Besten, was München mittags zu bieten hat! Der Oktopussalat ist übrigens ebenfalls himmlisch und meist ausverkauft.

## 134. ATTENTAT GRIECHISCHER SALAT

*GIESING • Zugspitzstraße 10*
*attentatgriechischersalat.com*
*089 85 63 53 81 • A, €*

Das Attentat ist mittlerweile eine echte Institution in Obergiesing! Hier geht's auch gern mal feucht und fröhlich zu und damit ist es eine super Location, um mit deinen Freunden am Abend einen dieser riesigen Salate zu essen und bei Ouzo und Bier das Leben zu diskutieren. Im Sommer kannst du hier wunderbar auf der Terrasse sitzen.

# Einfach gut Mittagessen

136.

136.

136.

136.

## 135. TÜRKITCH

*GIESING • Humboldtstraße 20*
*tuerkitch-koeftekebap.de*
*089 89 05 69 63 • M/A, €*

Das Türkitch und uns verbindet so vieles. Wir gehörten zu den ersten Gästen und waren wie viele nach uns absolut begeistert, endlich guter Döner, bzw. hier sagt man Kebab, in München! Mit Chili, Minze und mit Zitrone beträufelt. Inhaber-Familie Onbasi und wir haben fast zeitgleich unsere ersten beiden Kinder bekommen, wir fühlten uns somit immer sehr nahe und verstanden. Döner und Kinder verbinden eben. Danke.

## 136. BEIRUTBEIRUT

*SENDLING • Lindenschmitstraße 18*
*beirutbeirut.de • 089 54 04 58 69 • M, €*

Das Beirutbeirut ist eine Reise in eine andere Welt, denn es befindet sich auf der anderen Seite der Stadt dem unentdeckten Sendling. Aber die Reise lohnt sich, für meisterlich zubereitete orientalische Speisen.

## 137. FRAU LI

*SCHWANTHALERHÖHE*
*Franziska-Bilek-Weg 1*
*frauli-muenchen.de • 089 50 07 32 98*
*M/A, €€*

Das Restaurant von Frau Li verbindet uns auf ähnliche Weise wie das Türkitch von Familie Onbasi. Wir waren so glücklich, ein einfach gutes Chinesisches Restaurant gefunden zu haben, das auch kindertauglich ist. Unser Favorit: das Curry mit Mango.

AROMA
SHOP
AROMA
PRODUKTE
ZUM
FRAGEN
SIE
UNS!!
WIR HELFEN
GERNE

# 6. Cafés & Süsses

München bietet eine sehr passionierte Kaffeekultur und hat entsprechend unzählige wunderbare Cafés. Einige sind bereits zu Institutionen geworden, weil sie aus unserem Alltag nicht wegzudenken wären: Butterbrezn mit Espresso am Morgen im Dukatz, Kuchen am Wochenende im Café Luitpold oder ein Ausflug zum Schloss Nymphenburg und anschließend zum Kuchenessen im Café Ruffini. Neben den alteingesessenen Institutionen entstehen immer mehr junge kreative Coffeeshops in der ganzen Stadt mit professionellen und ungewöhnlichen Kaffeeröstungen wie im Man Versus. Machine, bei den Kaffee-Nerds im Standl 20 am Elisabethmarkt oder im super schicken Mary's Coffee Club.

*„Wo Kaffee serviert wird, da ist Anmut, Freundschaft und Fröhlichkeit!"*

– Ansari Djerzeri Hanball Abd-al-Kadir

139.

138.

141.

141.

## 138. DIE GOLDENE BAR

**ALTSTADT** • *Prinzregentenstraße 1*
*goldenebar.de • 089 54 80 47 77*

Die wunderbare Terrasse auf der Rückseite vom Haus der Kunst ist fantastisch, um sich am Nachmittag einen Munich Mule zu gönnen, dabei Tischtennis zu spielen und cooler Musik zu lauschen. Unser Tipp: vorher unbedingt zur Eisbachwelle und die Surfer bestaunen.

## 139. FRÄULEIN GRÜNEIS

**ALTSTADT** • *Lerchenfeldstraße 1a*
*fraeulein-grueneis.de • 089 23 03 26 70*

Sandra und Henning Dürr sind die leidenschaftlichen Betreiber dieses herzlichen Cafés mitten im Grünen und in direkter Nähe zu einem tollen Kinderspielplatz und zu den Eisbachsurfern. Leckere wechselnde Mittagsgerichte – die Suppen sind unser liebstes – gibt es auch noch. So viel auf einmal, da muss man einfach hin.

## 140. HOTEL VIER JAHRESZEITEN KEMPINSKI

**ALTSTADT** • *Maximilianstraße 17*
*kempinski.com • 089 212 50*

Die Tea Time im Hotel Vier Jahreszeiten Kempinski an der Maximilianstraße ist ein wunderbar dekadentes echtes Münchener Erlebnis. Es gibt in der Stadt keinen schöneren Ort dafür als in dieser imposanten und schillernden Lobby des ehrwürdigen Hauses aus dem Jahr 1858. Der Afternoon Tea wird täglich zwischen 15 und 18 Uhr zelebriert.

## 141. BAR CENTRALE

**ALTSTADT** • *Ledererstraße 23*
*bar-centrale.com • 089 22 37 62*

Die Bar Centrale ist seit mehr als 20 Jahren die Anlaufstelle für urlaubsreife Münchner. Für einen Spritz, einen Espresso oder direkt einen ganzen Abend in geselliger Runde ist man in Bella Italia, und das ganz ohne Stau am Brenner.

# 142. CAFÉ LUITPOLD

**ALTSTADT** • *Brienner Straße 11*
*cafe-luitpold.de • 089 242 87 50*

Neben dem Victorian House gehört das Café Luitpold zu unseren absoluten Lieblingen für Kaffee und Kuchen. Um dem Ganzen die Krönung zu geben, sollte man hier die berühmte Prinzregententorte probieren. Jede der acht Biskuitböden steht sinnbildlich für die bis 1946 bestehenden acht Regierungsbezirke in Bayern. Da braucht es keine Sachertorte mehr.

# 143. OSKAR MARIA BRASSERIE

**ALTSTADT** • *Salvatorplatz 1*
*oskarmaria.com • 089 29 19 60 29*

Die Brasserie im imposanten Neurenaissance-Bau mitten in der Altstadt überzeugt mit exzellenten Speisen, Weinen und einer feinen Auswahl an Kuchen und Patisserie. Hier zaubert einem auch der leere Teller noch ein Lächeln ins Gesicht, denn das Geschirr zieren literarische Zitate von Namensgeber Oskar Maria Graf.

147.

147.

147.

147.

147.

144.

147.

## 144. SCHMALZNUDEL – CAFÉ FRISCHHUT

**ALTSTADT** • *Prälat-Zistl-Straße 8*
*089 26 02 31 56*

Münchens beste Schmalznudeln (= Auszog'ne) seit 1973! Der heiße Tipp ist das gezuckerte Striezerl, denn das ist sogar noch flauschiger als die namensgebende Spezialität. Und keine Angst, wenn die Schlange mal wieder länger ist, zum Mitnehmen geht es immer ganz fix.

## 145. THE VICTORIAN HOUSE

**ALTSTADT** • *Frauenstraße 14*
*victorianhouse.de • 089 25 54 69 47*

Tanja lebte in London und spätestens seitdem ist sie verrückt nach Scones mit Clotted Cream. Das Victorian House am Viktualienmarkt ist hinsichtlich Geschmack und Inneneinrichtung eine absolut meisterliche Institution dafür. Dazu stilecht einen schwarzen Tee mit Milch. Tea Time im Victorian House ist beliebt, daher am besten reservieren.

## 146. BELLEVUE DI MONACO

**LUDWIGSVORSTADT-ISARVORSTADT**
*Müllerstraße 2–6 • bellevuedimonaco.de*
*089 55 05 77 55*

So geht Engagement! Das Infocafé unweit des Gärtnerplatzes schlägt die Brücke zwischen den Kulturen, denn der Betrieb wird gemeinsam mit Geflüchteten organisiert. Ob auf ein Mittagsmenü, einen Kaffeeplausch oder die beliebte Board-Game-Night, der Besuch ist immer eine gute Sache. Weiterer Pluspunkt: die Preise sind nicht nur für Münchner Verhältnisse mehr als fair.

## 147. AROMA KAFFEEBAR

**LUDWIGSVORSTADT-ISARVORSTADT**
*Pestalozzistraße 24 • aromakaffeebar.com*
*089 26 94 92 49*

Mit seinem Tante-Emma-Charme, dem putzigen Mobiliar und den vielen bunten Leckereien ist das Aroma immer eine lohnende Anlaufstelle. Kaum zu glauben, dass die erste Kaffeebar im Glockenbach (eröffnet 1998) früher ein Porno-Shop war. Heute dominieren gern auch mal die Kinderwagen. Wer hier einen Platz ergattert hat, kann gleich getrost den halben Tag in der Kaffeebar verbringen.

# 148. KAFFEERÖSTEREI VIKTUALIENMARKT

**ALTSTADT** • *Viktualienmarkt* • *kaffee-muenchen.de* • *089 260 90 86*

Als unser Sohn Victor ein Jahr alt und schon sehr früh wach war, sind wir regelmäßig frühmorgens auf den Viktualienmarkt spaziert und haben beobachtet, wie die Stände aufsperren und aufbauen. Die Kaffeerösterei war dabei nicht nur für uns eine feste Institution, sondern für den ganzen Markt. Der Service ist überwältigend herzlich und der Kaffee sensationell gut.

# 149. MAN VERSUS MACHINE COFFEE

**LUDWIGSVORSTADT-ISARVORSTADT** • *Müllerstraße 23*
*mvsm.coffee • 089 54 84 77 77*

Die vielleicht größten Kaffee-Nerds in München findest du im Man Versus Machine. Der Kaffee dauert immer besonders lange, schmeckt aber eben auch einzigartig. Unser Tipp: unbedingt bei der Wahl beraten lassen und die Franzbrötchen kosten.

# 150. CAFÉ DUKATZ

**LUDWIGSVORSTADT-ISARVORSTADT** • *Klenzestraße 69*
*dukatz.de • 089 20 06 28 93*

Wenn wir an München denken, dann ist das Dukatz untrennbar mit den schönsten Erinnerungen verbunden. Frühmorgens mit dem Fahrrad zum Büro und auf dem Weg eine Butterbreze und einen Cappuccino im Dukatz. Nachmittags an der Theke am Fenster sitzen, kleine Törtchen verkosten, dazu das SZ-Magazin lesen und dem Treiben zusehen.

# 151. TUSHITA TEEHAUS

**LUDWIGSVORSTADT-ISARVORSTADT** • *Klenzestraße 53*
*tushita.eu • 089 18 97 55 91*

Eine kleine Oase mit schier endloser Teeauswahl für alle Gemüts- und Lebenslagen, spannenden Kuchenkreationen und täglich wechselnden Bowls zum Mittag. Alles wird vegan und auf äußerst schickem Geschirr serviert.

154.

153.

15

157.

155

## 152. EMILO GLOCKENBACH

**LUDWIGSVORSTADT-ISARVORSTADT**
*Buttermelchstraße 5 • emilo.com*
*089 515 76 73 50*

Made in Munich! Diese Spezialrösterei wurde 2012 in München gegründet und widmet sich mit viel handwerklichem Feinsinn der Kaffee-Tradition. Hier bekommst du zudem legendäre Nussecken, dein Frühstückscroissant oder ein Drip Coffee Bag für zu Hause!

## 153. ALOF & CARROUX

**LUDWIGSVORSTADT-ISARVORSTADT**
*Hans-Sachs-Straße 12 • 089 37 95 56 94*

Hier wird selbst gebacken und so duftet und schmeckt es auch. Die Brezn gehören zu den besten in München, die kleinen Zitronenkuchen oder Franzbrötchen sind herrlich, der Kaffee ein Genuss. Also am besten zum Frühstück herkommen und alles der Reihe nach durchprobieren.

## 154. WAGNERS – JUICERY & HEALTH FOOD

**LUDWIGSVORSTADT-ISARVORSTADT**
*Fraunhoferstraße 43*
*wagnersjuicery.com*

Nur einen Katzensprung von der Isar entfernt, steht hier alles im Zeichen der angesagten Superfoods. Mit Smoothies, Bowls und einem reichen Kaffeeangebot stärkt sich der gesundheitsbewusste Münchner nach dem Isar-Spaziergang.

## 155. GANGUNDGÄBE

**LUDWIGSVORSTADT-ISARVORSTADT**
*Kapuzinerstraße 12 • gangundgaebe.de*
*089 55 27 83 43*

Andi, der passionierte Café-Inhaber im gangundgäbe versteht sein Handwerk und legt nicht nur viel Wert auf den Geschmack in der Tasse, sondern auch auf die nachhaltige faire Herkunft der Bohnen und die Röstung im eigenen Haus.

## 156. CAFÉ MARIA

**LUDWIGSVORSTADT-ISARVORSTADT**
*Klenzestraße 97 • dasmaria.de*

Das Maria ist der Frühstücksklassiker „with a twist". Hier trifft Abend- auf Morgenland und so locken neben einem ehrlichen Strammen Max auch French Toast mit Kardamom und Granatapfelkernen oder Kichererbsen-Omelette. Ein Plus für Familien ist der große Spielplatz gegenüber. Noch dazu ist die Lage ideal für einen anschließenden Spaziergang durchs Viertel oder über den Alten Südfriedhof.

## 157. LAMINGTONS BAKERY

**MAXVORSTADT** • *Schleißheimer Straße 96 • lamingtons.business.site*
*0157 73 60 82 21*

Am Josephsplatz liegt diese australische Bäckerei, in der unter anderem die namensgebenden Lamington Biskuittörtchen gebacken werden. Perfekt für Frühstück oder eine süße Pause am Nachmittag.

160.

158

163

159

162.

162

## 158. MORSO

***MAXVORSTADT*** *• Nordendstraße 17*
*morso-cafe.de • 0171 307 54 66*

Wer zum Shoppen auf der Barerstraße bei A Kind Of Guise, iki M. und Gerdismann unterwegs ist, dem seien hier die exzellenten selbst gebackenen Croissants im Morso empfohlen.

## 159. MARY'S COFFEE CLUB

***MAXVORSTADT*** *• Türkenstraße 86A*
*maryscoffeeclub.com • 089 54 02 97 17*

Eines der Schmuckstücke in der Münchner Café-Szene ist Mary's Coffee Club. Das Interieur lässt keinen Wunsch des modernen Ästheten unerfüllt: Marmortische, Leuchtschriften, Messing, bunte Kachelwände und anmutig servierte Bowls und Toasts. Ein Frühstückstraum!

## 160. CAFÉ JASMIN

***MAXVORSTADT*** *• Steinheilstraße 20*
*cafe-jasmin.com • 089 45 22 74 06*

Rüschengardinen, Samtsessel und Motivtapete, hier sind die 50er noch lebendig. Das Café Jasmin samt seiner denkmalgeschützten Einrichtung ist eine Institution und war sogar schon einmal Star in einem München-Tatort.

## 161. CAFÉ LOTTI

***MAXVORSTADT*** *• Schleißheimer Straße 13 • cafe-lotti.cafe • 089 61 51 91 97*

Sabrina Lorenz hatte sich mit dem Café Lotti direkt nach dem Abitur einen Traum erschaffen. Die Passion für die Sache spürt man sowohl in dem großartigen rosa Interieur als auch bei den leckeren Frühstücksmenüs. Auch super für Kaffee & Kuchen am Nachmittag. Seit 2019 führt Mato Maric das Lotti in der Tradition weiter.

## 162. LOST WEEKEND

***MAXVORSTADT*** *• Schellingstraße 3*
*lostweekend.de • 089 28 70 18 81*

Im Lost Weekend kommen viele gute Dinge zusammen: ein veganer Coffeeshop mit Co-Working-Space, eine Magazin-Buchhandlung und Live-Musik-Events. Durch die Nähe zur Uni wird es hier gern mal voller.

## 163. CAFÉ IM VORHOELZER FORUM

***MAXVORSTADT*** *• Arcisstraße 21*
*ar.tum.de/vf/cafe • 0157 30 66 52 90*

Auch wenn das Café mit dem großartigen Panoramablick über München schon lange kein Geheimtipp ist, so vermittelt zumindest der Weg dorthin, durch die verschachtelten Gänge des TU-Gebäudes, das Gefühl etwas zu entdecken. Die Dachterrasse ist sowohl für Frühstück als auch für einen Sundowner zu empfehlen.

167.

168.

168.

169.

## 164. CAFÉ VON & ZU

**MAXVORSTADT** • *Luisenstraße 22*
*089 54 57 39 05*

Inhaber Antonio von Schirnding hat ein Faible für Antiquitäten und entsprechend urig und gemütlich ist sein Café. Der Espresso kommt stilecht aus einer über 70 Jahre alten Kaffeemaschine. Der perfekte Ort für eine Ruhezeit zwischen den Pinakotheken, dem Ägyptischen Museum und dem Lenbachhaus.

## 165. ELLA

**MAXVORSTADT** • *Luisenstraße 33*
*ella-lenbachhaus.com* • *089 70 08 81 77*

Nach dem Museumsbesuch im Lenbachhaus sind wir zum Lunch im Ella. Bei schönem Wetter sitzen wir draußen und bewundern die für München so progressive und kontrastreiche Architektur des Lenbachhauses mit dem großartigen goldenen Neubau von Forster + Partners.

## 166. CAFÉ IM KIOSK

**SCHWABING** • *Gunezrainerstraße 6*
*cafe-im-kiosk.9gg.de* • *089 33 06 60 92*

Dieser kleine Kiosk ist für uns oft die Rettung, denn hier kann man sich eine Brotzeit für das anschließende Picknick im Englischen Garten zusammenstellen. Hier gibt es Hausgekochtes und -gebackenes ebenso wie Getränke, Magazine und was man sonst so für einen Urlaubssonntag so braucht (wir rauchen zwar nicht, aber Zigaretten werden hier auch einzeln verkauft).

## 167. TAGESCAFÉ SCHWABING

**SCHWABING** • *Hohenzollernstraße 41*
*tagescafe-schwabing.de* • *089 99 94 80 00*

Wer auf der Hohenzollernstraße zum Einkaufen unterwegs ist (beispielsweise im Dear Goods), findet hier einen stilvollen und gemütlichen Ort für eine erholsame Auszeit.

## 168. STANDL 20

**SCHWABING** • *Elisabethplatz*
*standl20.de*

Der liebenswerte Elisabethmarkt ist ohnehin schon ein erlebenswertes Stück Schwabing. Im Standl 20 sind die Kaffee-Experten zu Hause. Es ist nicht das erste Café der beiden Inhaber Paul und Johannes, doch hier treiben sie den Kaffeegenuss auf die Spitze: Bohnen aus eigener Röstung, Aeropress oder French Press, kein Wunsch bleibt unerfüllt.

## 169. FORTUNA CAFÉBAR

**AU-HAIDHAUSEN** • *Sedanstraße 18*
*fortuna-cafebar.de* • *089 18 92 28 23*

Trotz seiner Nähe zum Franzosenviertel fühlt man sich hier wie in Italien. Herzstück ist der alte Holztresen, auf dem die selbst gebackenen Kuchen thronen. Darüber verrät die „Listino Prezzi“ das Kaffeeangebot. Ob ein Panino für den kleinen Hunger oder der ausgewachsene Sonntagsbrunch (nicht in den Sommermonaten), im Fortuna wird jeder satt und glücklich. Certo!

# 170. CAFÉ RUFFINI

**NYMPHENBURG NEUHAUSEN** • *Orffstraße 22–24*
*ruffini.de* • *089 16 11 60*

Das Ruffini lebt und handelt seit der Eröffnung 1978 nach dem Kollektivprinzip, bei dem Entscheidungen im besten Fall als Konsens zwischen den 26 Miteigentümern getroffen werden. Das scheint hier erstaunlich gut zu funktionieren, denn die Kuchentheke ist in München legendär, das Frühstück ausgezeichnet und wenn man den Tag einfach vorbeiziehen lässt, bekommt man am Abend ausgezeichnete Weine und ein mediterranes Dinner.

# 171. CAFÉ BLÁ

**AU-HAIDHAUSEN** • *Lilienstraße 34*
*cafebla.de • 089 12 26 30 37*

Ein kleines Stück Island in der Au. Das Café Blá (sprich: Blau) mag von außen nordisch kühl anmuten, drinnen füllen Stephanie Bjarnason und ihr internationales Team das schmucke Ladenlokal mit viel Wärme. Der Klassiker sind die hausgemachten Waffeln mit süßem oder herzhaftem Topping, ein frisch gebackener Skyr-Kuchen und im Sommer dazu ein spritziger Espresso-Tonic.

173.

172.

172.

174.

173.

173.

## 172. IUNU

**AU-HAIDHAUSEN** • *Wörthstraße 30*
*iunu-kochwerkstatt.de • 089 54 80 94 98*

Als wäre man bei Freunden eingeladen – so fühlt es sich an, wenn man von Asha aus der offenen Küche mit riesigen Tellern voller vegetarischer Leckereien versorgt wird. Ist der Platz im beliebten Tageslokal mal wieder knapp, nimmt man sich das Essen einfach mit und setzt sich gemütlich gegenüber auf den Bordeauxplatz.

## 173. HENRY HAT HUNGER

**AU-HAIDHAUSEN** • *Zeppelinstraße 27*
*henryhathunger.de*

Das Henry hat Hunger in Haidhausen gehört zu den kleinsten Cafés in München und konzentriert vieles, was wir an Cafés lieben, auf diesem kleinen Raum: eine passionierte herzliche Inhaberin, Plätze in der Sonne, leckeres Frühstück, selbst gebackene Kuchen und guten Kaffee. Es liegt nahe der Isar und ist immer einen kleinen Umweg wert.

## 174. SHOTGUN SISTER

**GIESING** • *Deisenhofener Straße 40*
*shotgunsister.com • 089 26 01 07 30*

Wir haben sieben Jahre in Obergiesing gelebt und geliebt. Die Gentrifizierung kommt hier nur sehr allmählich voran und so gibt es hier wenige, dafür absolut wunderbare Lieblingsorte. Unweit unseres Lieblingsrestaurants Der Dantler befindet sich das Café Shotgun Sister. Inhaberin Katharina Böttger verwirklicht sich hier ausdrucksstark mit einer kreativen gesunden Frühstückskarte. Unser Tipp: danach am besten direkt zu unserem Lieblingsfriseur David Fechner, vielleicht auch nur für ein Bier und zum Bart schneiden.

## 175. BEAN BATTER

**SCHWANTHALERHÖHE**
*Schwanthalerstraße 123 • bean-batter.de*

Im Westend, in direkter Nähe zur klassischen Café-Institution Marais, liegt das bean batter. Mit den tollen belgischen Waffeln und dem erstklassigen Kaffee-Know-How finden wir hier ein sehr überzeugendes Frühstückslokal. Inhaber Paul von Tettenborn besitzt ebenfalls das sympathische Standl 20 auf dem Elisabethmarkt.

## 176. MARAIS

**SCHWANTHALERHÖHE** • *Parkstraße 2*
*cafe-marais.de • 089 50 09 45 52*

Ein Hauch Paris weht durchs Westend, seit dieses pittoreske Laden-Café in das ehemalige Textilwarenhaus an der Parkstraße eingezogen ist. Das übernommene Mobiliar ist noch original aus den 20ern und wenn man bei Café au Lait und Tarte Tatin in einem der Erkerfenster sitzt, kommt der passende Soundtrack im Kopf unweigerlich von Yann Tiersen.

179.

# Bäckereien

### 177. KARNOLL
**ALTSTADT** • *Viktualienmarkt 6*
*karnoll-standl.de • 089 260 79 31*

### 178. HOFPFISTER
**ALTSTADT** • *Blumenstraße 1*
*hofpfisterei.de • 089 26 35 69*

### 179. BOULANGERIE DOMPIERRE
**MAXVORSTADT** • *Tengstraße 31*
*dompierre.de • 089 27 37 44 32*

### 180. TANPOPO KONDITOREI CAFÉ
**MAXVORSTADT** • *Maillingerstraße 6*
*tanpopo-cafe.de • 089 52 05 57 57*

179.

179.

## 181. NEULINGER

**AU-HAIDHAUSEN** • Wörthstraße 17
baeckerei-neulinger.de • 089 62 28 67 42

## 182. OBORI

**AU-HAIDHAUSEN** • Lothringer Straße 15
089 44 14 26 66

## 183. FRITZ MÜHLENBÄCKER

**AU-HAIDHAUSEN** • Rablstraße 38
fritz-muehlenbaeckerei.de • 089 48 28 76

187.

# Eis

188.

### 184. EISCAFÉ EISMEER

**LUDWIGSVORSTADT-ISARVORSTADT**
*Pestalozzistraße 21 • daseismeer.de*
*089 37 96 07 97*

### 185. DOMORI

**LUDWIGSVORSTADT-ISARVORSTADT**
*Kapuzinerstraße 43 • domori-eis.de*
*089 20 06 25 45*

### 186. DER VERRÜCKTE EISMACHER

**MAXVORSTADT** • *Amalienstraße 77 • dvem.de*
*089 55 89 02 66*

187.

187.

186.

## 187. BALLABENI ICECREAM

**MAXVORSTADT** • *Seidlstraße 28 • ballabeni.de*
*089 90 54 41 86*

## 188. TRUE & 12 HANDMADE ICE CREAM

**AU-HAIDHAUSEN** • *Rosenheimer Straße 14*
*trueand12.com • 089 89 04 33 23*

188.

## 189. EISCAFÉ VENEZIA

**NYMPHENBURG NEUHAUSEN** • *Rotkreuzplatz 8*
*eiscafe-venezia-muenchen.de • 089 13 20 04*

## 190. EISKONDITOREI SARCLETTI

**NYMPHENBURG NEUHAUSEN**
*Nymphenburger Straße 155 • sarcletti.de*
*089 15 53 14*

# 7. Shops

In München kann man ganz fabelhaft shoppen und dies sehr komprimiert zu Fuß, da sich vieles um die Innenstadt zentriert. Auf den folgenden Seiten verraten wir unsere Lieblingsläden … ein bunter Mix aus individuellen, unabhängigen Shops, interessanten Concept Stores, Boutiquen, in denen man gern Geld ausgibt, und traditionsreichen Kaufhäusern für die schönste Einkaufstour der Stadt.

*„Das Schönste im Leben ist kostenlos.*
*Das zweitschönste ist ziemlich teuer.“*
– Coco Chanel

# Münchner Schmuckdesigner

## 191. PATRIK MUFF

**ALTSTADT** • *Ledererstraße 10* • *patrikmuff.com*

Das Atelier Muff nimmt für uns immer eine ganz besondere Stellung ein, denn hier haben wir den Verlobungsring für Tanja, unsere Eheringe und das Geburtsgeschenk für Tanja bei der Geburt unseres ersten Sohns Jonathan gekauft. Nirgendwo ist der Service persönlicher und der Schmuck extravaganter.

SCHMUCK VON PATRIK MUFF

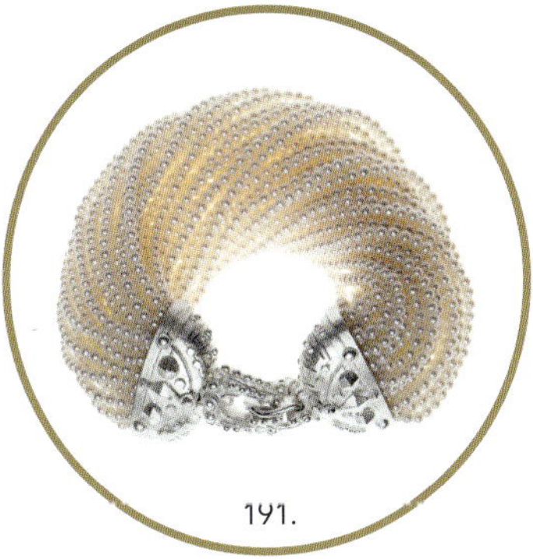

191.

191.

## 192. COCII JEWELLERY

**LUDWIGSVORSTADT-ISARVORSTADT**

*Corneliusstraße 12 • cocii.de*

## 193. ALMSTADT

**LUDWIGSVORSTADT-ISARVORSTADT**

*Reichenbachstraße 25 • almstadt-schmuck.de*

194.

## 194. SASKIA DIEZ

**LUDWIGSVORSTADT-ISARVORSTADT**

*Geyerstraße 20 • saskia-diez.com*

Wir freuen uns, dass Saskia als Soulmate Teil des Buches geworden ist und ihre Lieblingsorte mit uns teilt. Als avantgardistische und international bekannte Schmuckdesignerin trägt sie München in die Welt. Ihr kleines Atelier am Glockenbach ist unbedingt einen Umweg wert.

## 195. FRIDA'S SCHMUCK

**SCHWABING** • *Herzogstraße 10 • frida-design.de*

191.

196.

199

196.

199.

199

196.

198

196.

198

## 196. SOIS BLESSED

**ALTSTADT** • *Prannerstraße 10*
*soisblessed.com*

Das SOIS BLESSED soll nicht nur ein weiterer Concept Store sein, sondern ein besonderer Ort der Begegnung, der Inspiration und der Werte. Dies gelingt mit einer tollen Auswahl an Produkten wie Kleidung, Accessoires, Blumen und einem sehr stilvollen Café. Hier kann man shoppen und junge Nachwuchsdesigner entdecken, frische Blumen kaufen, in der coolen Tagesbar einen Espresso genießen oder mit der Non-Profit-Kollektion die Hope School in Südafrika unterstützen. Ein somit absolut gelungener Lieblingsort in München!

## 197. ED. MEIER

**ALTSTADT** • *Brienner Straße 10*
*edmeier.de*

Der klassische Männermodeladen von Ed. Meier war vormalig der königlich bayerische Hoflieferant. Noch heute spürt man die Ehrwürden und den Charme eines betagten Gentlemans, wenn man den edlen Dielenboden entlangspaziert. Wenn es nicht gleich eine komplette Ausstattung sein darf, dann unbedingt zumindest eine Krawatte oder ein Einstecktuch als neues Münchner Lieblingsstück kaufen.

## 198. SCHWITTENBERG

**ALTSTADT** • *Salvatorplatz 4*
*schwittenberg.com*

Seit Langem einer unserer Lieblingsläden in München, der mit einer einzigartigen Auswahl an Marken und Produkten begeistert. Von Acne, Maison Margiela, Comme des Garçons, Isabel Marant bis Saskia Diez findet man hier viele Designer, die das Modeherz höher schlagen lassen. Für Damen, Herren, Kinder und Geschenke ist es der perfekte Laden, um die gesamte Familie glücklich zu machen.

## 199. SUNDAY IN BED

**ALTSTADT** • *St.-Anna-Straße 29*
*sundayinbed.de*

Die mit Abstand gemütlichsten und schönsten Pyjamas, die man gar nicht mehr ausziehen möchte. Zusätzlich findet man hochwertige Bettwäsche und Möbelstücke. Der Laden ist kürzlich umgezogen in die Nähe des wunderschönen St. Anna Platzes.

## 200. MOHRMANN BASICS

**AU-HAIDHAUSEN** • *Innere Wiener Straße 50* • *nicolemohrmann.com*

Leo-Muster, Ethno-Stickereien, Pailletten und poppige Prints – in Nicole Mohrmanns Boutique am Wiener Platz spürt man den Spaß an Fashion und Farbe. Neben Mode und Accessoires führt sie auch hübsche Dekoartikel und wer möchte, wird dazu von ihr und ihren Kolleginnen äußerst hilfsbereit beraten.

201.

201

204.

204.

204.

20

204

204.

## 201. MYTHERESA STORE

**ALTSTADT** • *Maffeistraße 3*
*store.mytheresa.com*

Von Balmain bis Versace, von Acne bis Yeezy – wer High End Designer Fashion sucht, ist hier auf halbem Weg zwischen Marienplatz und Maximilianstraße goldrichtig. Bestens beraten, vergeht auf den drei stylish möblierten Etagen die Zeit wie im Flug und nach Ladenschluss kann es im riesigen Online-Shop direkt weitergehen.

## 202. MEINDL

**ALTSTADT** • *Am Kosttor 1*
*meindl-munich.com*

Die Lederhosen-Manufaktur aus Kirchanschöring zählt den FC Bayern und Arnold Schwarzenegger zu ihren Kunden. Im exklusiven Geschäft zwischen Nationaltheater und Hofbräuhaus kann sich der Herr zwischen allerhand Modellen von „Gamskogel" bis „Kaiser Franz Urform", dem Rolls-Royce unter den Lederhosen, entscheiden. Einige werden gar nur auf Bestellung maßgefertigt und kosten ein kleines Vermögen. Aber dieses Trachten-Kleinod hat man schließlich für die Ewigkeit.

## 203. GROSS REAL WEAR

**ALTSTADT** • *Ledererstraße 2*
*gross-realwear.com*

Retro, Rockabilly und Red Wings. Bei Stefan Gross finden Herren mit einem Faible für Classic US-Brands auch authentische Reproduktionen aus dem letzten Jahrhundert. Hemden von Pendleton und Levi's Vintage Jeans, hochwertige Ledergürtel und Hüte von Borsalino oder Stetson gibt es hier genauso wie die üblichen Verdächtigen von Dickies, Vans, Converse und Co.

## 204. WEISSGLUT CONCEPT STORE

**ALTSTADT** • *Hackenstraße 1*
*2. Adresse: Hohenzollernstraße 8*
*weissglut-shop.de*

Hier kommt man immer wieder gern vorbei, um sich inspirieren zu lassen oder um für sich und die Liebsten neue Wohnaccessoires zu erstehen. Alles ist hell, einladend und skandinavisch anmutend. Von Geschirr, über Schmuck, bis hin zu Karten und anderen schönen Dingen – hier wird man schnell fündig.

## 205. F.S. KUSTERMANN

**ALTSTADT** • *Viktualienmarkt 8*
*kustermann.de*

Kustermann ist gewissermaßen die Mutter aller Concept Stores in München. Im Jahre 1861 begann die Geschichte des Hauses als Eisenwarengeschäft mit Sensen, Schaufeln und Nägeln. Die gibt es auch heute noch zu kaufen, aber zudem die schönsten Dinge des Alltags und alles, um seine liebsten Gäste gebührend zu empfangen und zu verwöhnen.

206.

206.

206.

206.

210.

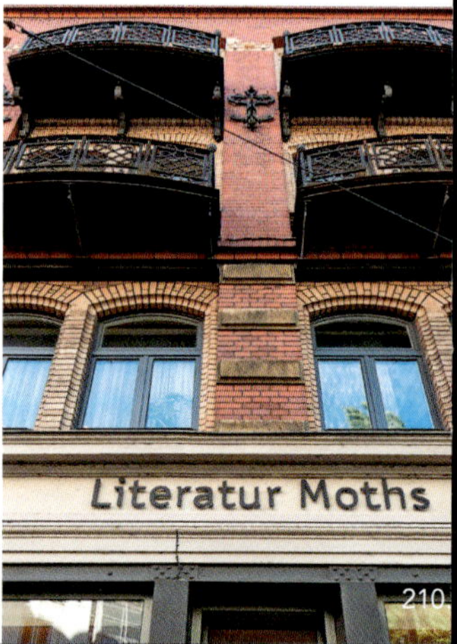


210.

207.

## 206. SCHRANNENHALLE

*Eataly* • ***ALTSTADT*** • *Viktualienmarkt 15*
*eataly.net*

Der Münchner Getreidemarkt fand bis 1854 auf dem heutigen Marienplatz (damals Schrannenplatz) statt. Ab diesem Zeitpunkt übernahm die Schrannenhalle am Viktualienmarkt diese Funktion, woher sie auch ihren heutigen Namen hat. Seit 2015 befindet sich das italienische Feinkostgeschäft Eataly in diesem geschichtsträchtigen Bau. Für ein Mittagessen sind das Restaurant und die kleinen Stände sehr zu empfehlen.

## 207. SODA.

***ALTSTADT*** • *Rumfordstraße 3*
*sodabooks.com*

In der Magazinhandlung soda. ticken die Uhren anders: Einmal im Laden angekommen, schreitet man von Regal zu Regal, durchstöbert die grandiose Auswahl an internationalen Magazinen zu US-Popkultur, Tätowierungen, Schwarz-Weiß-Fotografien oder Abenteuerreisen in Patagonien und vergisst die Zeit und die Welt um sich herum. Ein absoluter Lieblingsort.

## 208. KAUF DICH GLÜCKLICH

***LUDWIGSVORSTADT-ISARVORSTADT***
*Schellingstraße 23*
*kaufdichgluecklich-shop.de*

Der wohl beliebteste Concept Store Münchens (ein zweiter in der Reichenbachstraße 14l) ist die Anlaufstelle für hippe und erschwingliche Skandi-Labels. Mode, Schmuck, ausgewählte Pflegeprodukte, Wohnaccessoires und Bücher, hier lässt es sich herrlich stöbern. Wer ein Last-Minute-Geschenk sucht, wird garantiert immer fündig.

## 209. VERDI SUPERMARKT

***LUDWIGSVORSTADT-ISARVORSTADT***
*Landwehrstraße 46–48*
*verdi-supermarket.de*

Wir empfehlen dringend einen Besuch des Areals um den Hauptbahnhof, in dessen Zentrum der Lebensmittelhändler Verdi liegt. Das Viertel hat eine ganz eigene Dynamik. Hier gibt es den besten Döner Münchens. Also am besten einen Döner auf die Hand, das Viertel erkunden und eine Sportwette machen!

## 210. LITERATUR MOTHS

***LUDWIGSVORSTADT-ISARVORSTADT***
*Rumfordstraße 48* • *li-mo.com*

Eine gute Buchempfehlung kann ein Leben verändern. Bei Moths haben wir im Laufe der Jahre viele wunderbare Bücher entdeckt und empfohlen bekommen. Auch einige unserer Soulmates haben ihn zum Lieblingsbuchladen auserkoren. Viel Vergnügen beim stöbern!

214

214.

213.

213

## 211. TINT

**LUDWIGSVORSTADT-ISARVORSTADT**

*Klenzestraße 22 • tint-store.com*

Nur einmal vom Gärtnerplatz abbiegen und man landet direkt im Turnschuhhimmel. Neben den Sneaker-Klassikern von Adidas, Nike oder Converse findet sich hier auch sportliche Streetwear mit Retroflair.

## 212. SCHUH BERTL

**LUDWIGSVORSTADT-ISARVORSTADT**

*Kohlstraße 3 • schuhbertl.com*
*089 297 162*

Bei unserem ersten Besuch bei Schuh Bertl hat uns dieser reizende Duft nach Leder und Schuhcreme in dieses traditionsreiche Lederschuh-Fachgeschäft gelockt. Hier findet man wahres Handwerk und hier hat Chris sein erstes Paar rahmengenähte Lederstiefel erstanden.

## 213. PALMA KUNKEL ANTIQUITÄTEN

**LUDWIGSVORSTADT-ISARVORSTADT**

*Fraunhoferstraße 5 • palma-kunkel.eu*

Bei Palma Kunkel findet man allerlei Kurioses, Schönes und Unnützes. Wir haben damals unsere beiden Schmetterlingskästen hier erstanden, die uns nun schon seit vielen Jahren begleiten und uns täglich erfreuen.

## 214. NOH NEE

**LUDWIGSVORSTADT-ISARVORSTADT**

*Görresstraße 16 • nohnee.com*

Der Laden von unserer Local Soulmate Rahmée Wetterich und ihrer Partnerin Marie Darouiche. Hier finden alle ein Dirndl, die nie eines tragen wollten. Unikate, strahlende Farben, kunstvolle Muster und Stickereien auf afrikanischen Stoffen, kombiniert mit traditionellen, bayerischen Dirndl-Schnitten – dafür steht NOH NEE. Durch diesen unvergleichlichen Mix entsteht ein neuer Blick auf Tracht und es macht den nächsten Wiesn-Besuch noch farbenfroher.

## 215. OPTIMAL RECORDS

**LUDWIGSVORSTADT-ISARVORSTADT**

*Kolosseumstraße 6 • optimal-records.de*

Seit 1982 bewegt sich der Plattenladen am Puls der Zeit. Neben privaten Vinylliebhabern schätzt auch die DJ-Szene das Angebot an Indie und Hip Hop, Industrial, Punk und Wave. Dazu gibt es Bücher, Magazine und inzwischen auch Wein. Wer sich hungrig geshoppt hat, auf den wartet ums Eck eine Stärkung im Fei Scho.

220

217.

21

220.

217

## 216. RUBY STORE

*LUDWIGSVORSTADT-ISARVORSTADT*

*Reichenbachstraße 37 • ruby-store.com*

Draußen grüßt ein leuchtend gelber Smiley und drinnen dann nicht Ruby, sondern Inhaberin Mary, die mit ihrem Laden einen echten Hot-Spot für trendy Designerware geschaffen hat. Lederjacken von Acne, Statement Sweater von Anine Bing, Hope Jeans und Schmuck von Saskia Dietz lassen das modebegeisterte Herz höherschlagen.

## 217. SAMS & SON

*LUDWIGSVORSTADT-ISARVORSTADT*

*Fraunhoferstraße 23*

Der passionierte Inhaber Pierre war gerade auf dem Sprung nach Japan, um neue Kimonos für seinen Popup Store in seinem Laden einzukaufen, aber er hat mir noch schnell die Öffnungszeiten verraten: Montag–Freitag 13–19 Uhr, Samstag 11–16 Uhr. Ansonsten ist Pierre viel unterwegs, um neue Schmuckstücke aufzuspüren. Es gibt nicht nur tolle Vintage-Möbel und alte Hermès- und Louis-Vuitton-Reisekoffer, sondern einzigartige ökologische Einrichtungsgegenstände. Aber dazu mehr Geschichten bei Pierre persönlich.

## 218. ROCKET STORE

*LUDWIGSVORSTADT-ISARVORSTADT*

*Reichenbachstraße 41 • rocket-store.de*

Nach zehn Jahren Fokus auf skandinavische Streetwear hatte Inhaberin Kirsten eine neue Idee. Das bunte Sortiment aus Mode- und Home-Accessoires wechselt nun viel öfter. So kommen ständig neue Marken zum Zug, mal wöchentlich, mal monatlich. Und dazu gibt es jetzt auch einen Kaffeestand im Shop, inklusive duftender Zimtschnecken.

## 219. RALF'S FINE GARMENTS

*LUDWIGSVORSTADT-ISARVORSTADT*

*Fraunhoferstraße 29*
*ralfsfinegarments.com*

Wir haben selten eine derartig schön kuratierte Auswahl an Männermode gefunden wie bei Ralf. Die Preise sind zwar ziemlich stolz, aber die Beratung ist professionell, stilsicher und jeden Cent wert.

## 220. ABOUT GIVEN

*LUDWIGSVORSTADT-ISARVORSTADT*

*Baaderstraße 55 • aboutgiven.de*

Durch die Baaderstraße spaziert man am besten im Zick-Zack-Modus, um auch keinen der zahlreichen Läden zu verpassen. Die Hausnummer 55, der ehemalige „glore“ Store, steht auch unter neuem Namen weiterhin für hochwertige, fair produzierte Fashion für Damen, Herren und Kinder, die nicht nur modischen sondern auch ökologischen Ansprüchen genügt.

222.

225

222.

225

223.

22

## 221. KIOSK REICHENBACHBRÜCKE

**LUDWIGSVORSTADT-ISARVORSTADT**
*Fraunhoferstraße 46 • kiosk-muenchen.de*

Eine der wichtigsten Institutionen in München ist der Kiosk an der Reichenbachbrücke. In München gibt es keinen Späti, dafür diesen Kiosk direkt an der Isar, der rund um die Uhr geöffnet ist.

## 222. IKI M.

**MAXVORSTADT** • *Adalbertstraße 45*
*iki-m.de*

Iki M. steht wie schon vor zehn Jahren für hochwertige Eco Fashion, Vintage-Mode und Style aus Leidenschaft. Die Bio-Mode umfasst vor allem die beiden Label Armedangels mit modischen Basics für Frauen sowie Embassy of Bricks and Logs, die vegane Winterjacken und Mäntel in Deutschland herstellen.

## 223. A KIND OF GUISE

**MAXVORSTADT** • *Adalbertstraße 41 B*
*akindofguise.com*

Das Label unserer Local Soulmates Yasar Ceviker und Susi Streich steht für unkomplizierte Schnitte und Qualität. Alle Kleidungsstücke und Accessoires werden aus hochwertigen Materialien in deutschen Manufakturen hergestellt. Mit Abstand eines der spannendsten Labels aus Deutschland – und das in München! Die Marke A Kind of Guise entstand 2009 aus der Idee heraus, Kleidung zu entwerfen, die zeitgemäßes Design mit bestmöglichen Materialien und höchster Handwerkskunst vereint. Von Beginn an wurden die A Kind of Guise Produkte ‚Made in Germany' und in limitierten Stückzahlen in Zusammenarbeit mit ausgewählten lokalen Herstellern gefertigt.

## 224. THE SECOND GERDISMANN

**MAXVORSTADT** • *Barer Straße 74*
*thesecond-gerdismann.de*

Früher gehörte dieser tolle Vintage-Laden für Männer der lieben Gerdi, einer Ur-Münchnerin, wie sie im Buche steht. Gerdi ist gegangen und verkauft nun Vintage-Möbel in der Altstadt, aber das Geschäft ist weiterhin eine super Empfehlung.

## 225. VEGANISTA

**MAXVORSTADT** • *Barer Straße 36*
*veganista-muc.de*

Seit über fünf Jahren hat Rahel Goldner ihre kleine Fair Fashion Boutique in der Barer Straße. Alles was ihr hier shoppen könnt, ist fair gehandelt, wenn möglich bio und vor allem vegan. Entsprechend findet ihr hier neue Schuhe aus recyceltem PET, flauschige Pullover aus Bio-Baumwolle und schicke Mäntel aus Hanf oder Tencel Lyocell.

229.

227

227.

22

227.

22

## 226. OHNE SUPERMARKT

**MAXVORSTADT** • *Schellingstraße 42*
*ohne-laden.de*

Hier wird das Thema Nachhaltigkeit konsequent zu Ende gedacht. Hier gibt es ausschließlich Produkte aus nachhaltiger, biologischer und möglichst regionaler Erzeugung. Und zwar OHNE Verpackung. Dafür müssen eigene Behälter und Beutel mitgebracht werden, die vor dem Einkauf gewogen werden.

## 227. NIA PRÊT-À-PORTER

**MAXVORSTADT** • *Türkenstraße 35*
*nia-carrousel.de*

Dieser hübsche, helle, immer liebevoll dekorierte Laden führt hauptsächlich französische und skandinavische Fashion u.a. von Sessùn, ba&sh oder Beck Söndergaard. Ein paar Häuser weiter findet man beim zugehörigen NIA.BAZAR dann gleich noch die passenden Home-Accessoires.

## 228. STORE GALORE#

**SCHWABING** • *Belgradstraße 47*
*storegalore.de*

Sabine Pfefferer hat hier in Schwabing ihren eigenen sehr persönlichen Concept Store mit Coffeeshop eröffnet. Es gibt neben Münchner Naturkosmetik auch Yogabedarf von Manduka, trendige Taschen von PAD und Sonnenbrillen von IZIPIZI. Hier findet man also alles, was man eigentlich doch gar nicht gesucht hat. Oder eben doch. Guten Kaffee, ein Stück Kuchen und eine Auswahl an Büchern und Magazinen zum Stöbern gibt es auch noch.

## 229. FALKENBERG CONCEPT STORE

**SCHWABING** • *Franz-Joseph-Straße 21*
*falkenberg-muenchen.com*

Ein kleiner Geheimtipp für Interieur-Liebhaber mit schönen Möbelstücken, aber auch köstlichen Süßigkeiten, handgefertigten Kerzen, erlesenen Düften, ausgewählten Büchern, Vinyl und nicht zu vergessen Mode. Hier findet man das perfekte Geschenk für sich, Freunde und Familie und häufig auch gute Beratung.

217.

*Jeder, der sich die Fähigkeit erhält, Schönes zu erkennen, wird nie alt werden.*

– Franz Kafka

## 230. DEARGOODS

*SCHWABING • Am Glockenbach 12*
*deargoods.com*

Einkaufen ohne schlechtes Gewissen kann man inzwischen in vier Dear-Goods-Shops in München. Lässige Mode, Bio-Kosmetik und Kleinigkeiten für die Wohnung, alles ist nicht nur fair gehandelt, sondern auch vegan und genügt somit höchsten ethischen Ansprüchen. Punkte für's Karma-Konto!

## 231. MACY

*AU-HAIDHAUSEN • Johannisplatz 20*
*macy-munich.com*

Seit 20 Jahren kuratiert die gelernte Kostümbildnerin Barbara Dockhorn mit viel Leidenschaft und Sachverstand Vintage-Kleidung, Taschen und Schuhe. In ihrem großzügigen Eckladen hängen Schätze von Traditionshäusern wie Armani oder Prada neben neuen Designer Labels wie Acne oder lala Berlin, und das ganz ohne den für Second Hand Shops oft typischen Geruchmix aus Muff und Mottenkugeln.

## 232. HIER STORE

*AU-HAIDHAUSEN • Innere Wiener Straße 24 • hier.studio*

Haidhausens Anti-Boutique im allerbesten Sinne ist Concept Store und Gemeinschaftsatelier in einem. Selten sahen unfertige Wände stilvoller aus. Es gibt lässige, erschwingliche Klamotten, Taschen und Accessoires fürs Zuhause, überwiegend von lokalen Labels und Designern, dazu faire Bio-Kosmetik und coole Kindermode.

## 233. THE LOVELY CONCEPT

*AU-HAIDHAUSEN • Preysingstraße 39*
*thelovelyconcept.com*

Der Concept Store von Marie-Charin ist ein wahres Schatzkistchen. In dem kleinen Laden gibt es verblüffend viel zu entdecken: Teppiche und Kissen aus Marrakesch, bunte Wohnaccessoires, Schreibwaren, Spielzeug und eine eigene Fashion-Kollektion ganz im angesagten Kufiya-Design. Das komplette Sortiment gibt es im zugehörigen Onlineshop.

## 234. PARKE6 HERRENABTEILUNG/ DAMENABTEILUNG

*SCHWANTHALERHÖHE*
*Schwanthalerstraße 156*

Dieser legendäre Vintage-Laden (für Männer und Frauen) gehört für uns zum Pflichtbesuch, wenn wir im Westend unterwegs sind. Im Marais und im bean batter gibt es grandioses Frühstück um die Ecke und der Schwarze Dackel nebenan wartet für den ersten Drink am Abend.

Pioneer

# 8. Bars, Musik & Vergnügen

München war einmal die Partystadt schlechthin, auch bekannt als das „deutsche San Francisco“. Vor allem in den 60er- bis 80er-Jahren gab es hier Clubs, die Geschichte geschrieben haben. Auch wenn die wilden 60er vorüber sind und München seitdem braver und konservativer geworden ist, so gibt es sie eben doch auch jetzt noch: jene Orte an denen man die Nacht genießen und feiern kann. Ob Jazz-Clubs oder Lesebühnen, Clubs oder Konzerthallen, schillernde Bars oder coole Kaschemme, Cocktailbar oder gediegene Zigarrenlounge, hier kommen unsere Favoriten.
München zelebriert den Genuss in jeglicher Hinsicht. Das große Angebot reicht von wild & laut bis romantisch & leise. So oder so, wir wünschen viel Freude mit unseren persönlichen Lieblingstipps.

*„Die Nächte lehren viel, was die Tage niemals wissen …“*
– aus Persien

239.

# Bars

### 235. SCHUMANN'S BAR AM HOFGARTEN
**ALTSTADT** • *Odeonsplatz 6–7* • *schumanns.de*

### 236. BAR TABACCO
**ALTSTADT** • *Hartmannstraße 8* • *bartabacco.com*

### 237. ORY BAR
**ALTSTADT** • *Neuturmstraße 1* • *ory.bar*

### 238. NAGE & SAUGE
**ALTSTADT** • *Mariannenstraße 2* • *nageundsauge.de*

### 239. THE HIGH
**ALTSTADT** • *Blumenstraße 15* • *drinkourballs.de*

### 240. DACHGARTEN
**LUDWIGSVORSTADT-ISARVORSTADT**
*Adolf-Kolping-Straße 10* • *kulturdachgarten.de*

### 241. DIE REGISTRATUR
**LUDWIGSVORSTADT-ISARVORSTADT**
*Müllerstraße 42* • *dieregistratur.de*

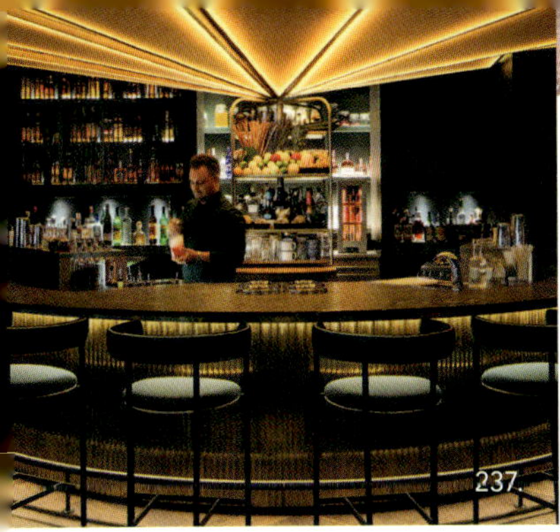

237.

## 242. ZEPHYR BAR

LUDWIGSVORSTADT-ISARVORSTADT
Baaderstraße 68 • zephyr-bar.de

## 243. FLUSHING MEADOWS

LUDWIGSVORSTADT-ISARVORSTADT
Fraunhoferstraße 32
flushingmeadowshotel.com

## 244. MAROTO

LUDWIGSVORSTADT-ISARVORSTADT
Westermühlstraße 31 • bar-maroto.de

## 245. JAMES T. HUNT

MAXVORSTADT • Schellingstraße 32
Jameshuntbar.com

## 246. MINNA THIEL

MAXVORSTADT • Gabelsbergerstraße 33

## 247. CAFÉ KOSMOS

MAXVORSTADT • Dachauer Straße 7
cafe-kosmos.de

## 248. CUCURUCU

MAXVORSTADT • Elisenstraße 5 • cucurucu.de

## 249. GABÁNYI

MAXVORSTADT • Beethovenplatz 2
bar-gabanyi.de

## 250. ZUM JENNERWEIN

SCHWABING • Belgradstraße 27
zumjennerwein.de

## 251. BARROOM

AU-HAIDHAUSEN • Milchstraße 17
barroom-muenchen.de

## 252. ATTENTAT GRIECHISCHER SALAT

GIESING • Zugspitzstraße 10
attentatgriechischersalat.com

## 253. SCHWARZER DACKEL

SCHWANTHALERHÖHE
Schwanthalerstraße 158
schwarzerdackel.com

## 254. BAR DU PORT

NYMPHENBURG NEUHAUSEN
Albrechtstraße 32

243.

# Clubs & Live-Musik

### 255. HARRY KLEIN

**LUDWIGSVORSTADT-ISARVORSTADT**
*Sonnenstraße 8 • harrykleinclub.de*

### 256. STROM

**LUDWIGSVORSTADT-ISARVORSTADT**
*Lindwurmstraße 88 • strom-muc.de*

### 257. BAHNWÄRTER THIEL

**LUDWIGSVORSTADT-ISARVORSTADT**
*Tumblingerstraße 29 • bahnwaerterthiel.de*

### 258. GOLDENER REITER

**ALTSTADT** • *Theklastraße 1*

### 259. SAUNA

**MAXVORSTADT** • *Marsstraße 22*
*s-a-u-n-a.de*

### 260. ROTE SONNE

**MAXVORSTADT** • *Maximiliansplatz 5*
*rote-sonne.com*

## 261. CHARLIE

*GIESING • Schyrenstraße 8 • bar.charl.ie*

## 262. UNTER DECK

*ALTSTADT • Oberanger 26*

## 263. CORLEONE-NEULAND

*LUDWIGSVORSTADT-ISARVORSTADT*
*Sendlinger-Tor-Platz 7 • corleone.cc*

## 264. FOLKS! CLUB

*LUDWIGSVORSTADT-ISARVORSTADT*
*Thalkirchner Straße 2 • munich-folks.com*

## 265. MILLA CLUB

*LUDWIGSVORSTADT-ISARVORSTADT*
*Holzstraße 28 • milla-club.de*

## 266. VALENTIN STÜBERL

*LUDWIGSVORSTADT-ISARVORSTADT*
*Dreimühlenstraße 28 • valentinstueberl.com*

## 267. JAZZCLUB UNTERFAHRT

*AU-HAIDHAUSEN • Einsteinstraße 42*
*unterfahrt.de*

## 268. AMPERE

*AU-HAIDHAUSEN • Zellstraße 4*
*muffatwerk.de*

## 269. ALTE UTTING

*SENDLING • Lagerhausstraße 15*
*alte-utting.de*

## 270. HIDE OUT

NYMPHENBURG NEUHAUSEN
*Volkartstraße 22*
*hideout-muenchen.de*

# 9. Hotels

*„Der Schlaf ist doch die köstlichste Erfindung …"*

– Heinrich Heine

Wir lieben Hotels mit Seele, einzigartige Orte mit Persönlichkeit, Stil und Schönheit. Es sind Orte, an denen Geschichten erzählt werden und neue geschrieben werden. Die Geschichten handeln von passionierten Gastgebern, kreativen Ideen und Designs, internationalen wie auch lokalen Begegnungen. Kontraste sind dabei sehr willkommen und so reichen unsere Empfehlungen von noblen Fünf-Sterne-Häusern, über cool designte Stadthotels, bis hin zu unbekannten Hide-Aways. Eine Auswahl unserer Lieblingsorte in und um München findest du auf den folgenden Seiten.

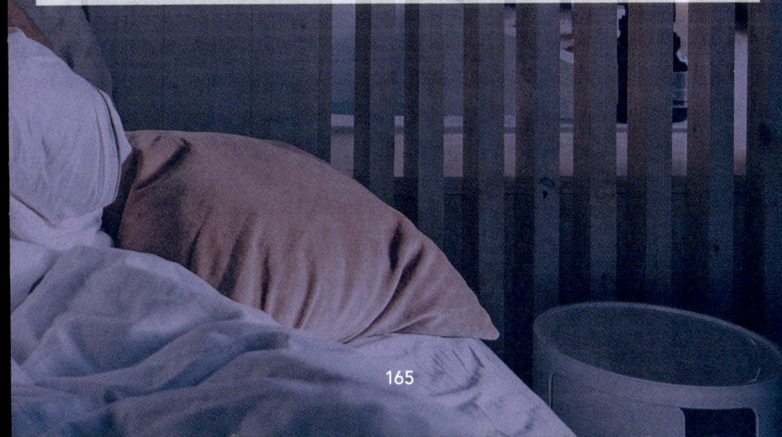

# 271. BEYOND BY GEISEL

**ALTSTADT** • *Marienplatz 22*
*beyond-muc.de • 089 700 74 67 00*

Die passionierte Hotelier- und Gastronomen-Familie Geisel prägt die bayerische Hauptstadt vielfältig. Das BEYOND liegt in sagenhafter Lage mit direktem Blick auf den Marienplatz mit dem Rathaus und die Frauenkirche. Das Konzept ist einzigartig: modernes, edles Interieur und luxuriöse Zimmer. Im Zentrum befindet sich eine atemberaubende Bibliothek. Die Küche ist ebenfalls ausgezeichnet. Alternativ kann man in der offenen Küche sogar selbst kochen. Ein besonders intimes, aber auch kostspieliges Vergnügen.

# 272. CORTIINA HOTEL

**ALTSTADT** • *Ledererstraße 8*
*cortiina.com • 089 242 24 90*

Das Designhotel liegt in der urigen Ledererstraße. Vor der Tür finden sich traditionelle Geschäfte und kleine Gassen, direkt gegenüber die beliebte Bar Centrale und nebenan die wunderbare GRAPES Grapes. Das alles im Herzen Münchens zwischen Marienplatz und Hofbräuhaus. Die Zimmer begeistern mit modernem Design: verzierte Tapeten, Samtstoffe, Naturstein und farbenfrohe Teppiche. Das Frühstück ist sowohl für klassische als auch für exotische Vorlieben herzallerliebst. Für Familien ist die integrierte Küche zudem perfekt.

# 273. LOUIS HOTEL

**ALTSTADT** • *Viktualienmarkt 6*
*louis-hotel.com • 089 41 11 90 80*

2009 eröffnete das erfolgreiche Hotelier-Duo Kull & Weinzierl dieses ästhetisch anspruchsvolle und luxuriöse Designhotel direkt am Viktualienmarkt. Wer morgens die Vorhänge aufzieht, beobachtet aus erster Reihe, wie sich der Viktualienmarkt mit Leben füllt. Das Interieur ist eine eindrucksvolle Komposition aus japanischen Materialien und westlichen Raum- und Möbelkonzepten. Das Flair in der Lobby ist mondän und international. Das sehr erfolgreiche Hotel-Restaurant Emiko wurde neu erfunden: Ein exquisiter Grillroom leitet eine neue Ära ein.

# 274. 25 HOURS

**LUDWIGSVORSTADT-ISARVORSTADT** • *Bahnhofplatz 1*
*25hours-hotels.com* • *089 904 00 10*

Das 2017 eröffnete 25hours München setzt die erfolgreiche Serie der Schwesternhotels fort. Hier wurde nicht nur ein Hotel erschaffen, sondern ein lebendiger Ort, der zum Kommen und Verweilen einlädt. Anlässe dazu gibt es viele: die plüschig schicke Boilerman Bar, das Café im Erdgeschoß mit dem Flair eines Gartencafés und das allseits beliebte Restaurant Neni. Die Zimmer sind cool und schick im modernen Vintage-Stil. Ein vergnüglicher Ort für Hotelgäste und Locals gleichermaßen.

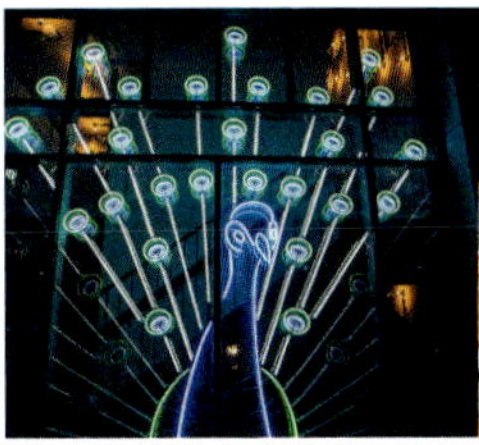

## 275. HOTEL OPERA

*ALTSTADT • St.-Anna-Straße 10*
*hotel-opera.de • 089 210 49 40*

Die Passion zur Hotellerie zeigt sich hier in dem wild romantischen, italienischen Innenhof, in dem im Sommer das Frühstück serviert wird. Der italienische Charme zeigt sich zudem in den Skulpturen, Gemälden und Möbeln des Hauses. Die eher kleinen Zimmer sind sehr individuell und reichen von der gemütlichen Stube bis zum modernen Zimmer mit Wintergarten.

## 276. HOTEL OLYMPIC

*LUDWIGSVORSTADT-ISARVORSTADT • Hans-Sachs-Straße 4 • hotel-olympic.de • 089 23 18 90*

Das charmante und alteingesessene Hotel Olympic liegt im glückseligen Glockenbachviertel. Der Service ist aufrichtig sympathisch, der Stil des Hauses ist natürlich elegant, die Zimmer sind einfach schön. Hier fühlt man sich rundum wohl. Im Haus werden auch immer wieder kleine, interessante Kunstaustellungen gezeigt.

## 277. FLUSHING MEADOWS

*LUDWIGSVORSTADT-ISARVORSTADT*
*Fraunhoferstraße 32*
*flushingmeadowshotel.com • 089 55 27 91 70*

Das Designhotel ist das junge, coole unter den Münchner Hotels. Der Eingang lässt zunächst mehr auf einen Club schließen und das passt ausgezeichnet zum Inhaber-Trio Jäger-Arnold-Werner. Die Zimmer sind individuell und modern eingerichtet und widmen sich verschiedenen Münchner Persönlichkeiten.

## 278. RUBY LILLY

**MAXVORSTADT** • *Dachauer Straße 37*
*ruby-hotels.com* • *089 954 57 08 20*

Ruby Lilly ist einen Spaziergang entfernt vom Königsplatz, den Pinakotheken und somit dem Herzen der Maxvorstadt. Das Hotel ist im modernen Vintage-Schick und das Design widmet sich thematisch der Münchner Schickeria, den 70ern und dem Lokalmatador Monaco Franze. Die Zimmer sind klein und fein, die Preise dafür erfreulicherweise vergleichsweise günstig.

## 279. BOLD HOTEL

**GIESING** • *Aschauer Straße 12*
*bold-hotels.com* • *089 200 01 59 22 44*

Die BOLD Hotels liegen etwas außerhalb, bieten dadurch allerdings einzigartig moderate Preise für das sonst sehr hochpreisige München. Der Service war bei unseren Besuchen immer sympathisch, die sind Zimmer modern und das Frühstück ist für knappe 13 Euro ausgiebig und lecker.

## 280. ROOMERS

**SCHWANTHALERHÖHE** • *Landsberger Straße 68* • *roomers-hotels.com* • *089 452 20 20*

Das sehr individuelle Fünf-Sterne-Hotel liegt im Münchner Westen. Die 280 Zimmer sind extravagant eingerichtet und reichen von klein und komfortabel bis zur luxuriösen Penthouse-Suite mit eigener Bar und dunklem Marmorbad. Der Spa-Bereich ist cool und extravagant und bietet neben Sauna und Pool auch ein Dampfbad im Hamam-Style.

# 281. THE CHARLES

**MAXVORSTADT** • *Sophienstraße 28*
*roccofortehotels.com* • *089 544 55 50*

Das Fünf-Sterne-Hotel Charles besticht in besonderer Weise durch herausragenden, sympathischen Service und den großzügigen Wellnessbereich. Die Zimmer sind großräumig und besitzen eine einnehmende Gemütlichkeit, sodass wir mit unseren beiden Jungs das fürstliche Frühstück direkt auf das Zimmer haben kommen lassen. Ohnehin ist das Hotel besonders geeignet für Familien. Hier wird den Kleinen besondere Aufmerksamkeit, durch zum Beispiel spezielle Pool-Zeiten und eigene Bademäntel, geschenkt.

# 282. SCHWABINGER WAHRHEIT

**SCHWABING** • *Hohenzollernstraße 5*
*schwabinger-wahrheit.de • 089 38 38 10*

Mit Vorfreude entdecken wir das einzigartige Konzept der 2018 eröffneten Schwabinger Wahrheit. Die Zimmer sind klein, aber der Raum ist großartig genutzt und die Funktionen sind toll integriert. Besonders schön sind die breiten Fensterbänke zum Lesen. Tanja liebt Sauna, darum verdienen die Sauna, das kleine, feine Fitnessstudio und der Hot Pool eine besondere Auszeichnung! Das Hotel ist auch super für kleine Gruppen geeignet, da es Zimmer mit sechs einzelnen Betten gibt – Jugendherberge auf cool und schick.

# Hide-Aways

**1. BLEIBE FERIENWOHNUNG**
*Apartment • bleibe-gesucht.de • Bad Kohlgrub*

**2. GÄSTEHAUS BERGE**
*Apartment • moormann-berge.de • Aschau im Chiemgau*

**3. HAIDL-MADL**
*Apartment • haidl-madl-ferienwohnen.de • Bischofsreut*

**4. HEIMAT 1883**
*Apartment • heimat1883.de • Garmisch-Partenkirchen*

**5. HOFGUT HAFNERLEITEN**
*Apartment • hofgut.info • Bad Birnbach*

**6. MOOSHAM 13**
*Apartment • moosham13.com • Grafenau*

**7. STALLER FERIENHOF**
*Apartment • staller-ferienhof.de • Seeon*

**8. TURM ZU SCHLOSS SCHEDLING**
*Apartment • schloss-schedling.de • Trostberg*

**9. ADVENTURE CAMP SCHNITZMÜHLE**
*Haus • schnitzmuehle.de • Viechtach*

**10. ALPENCHALET WALCHENSEE**
*Haus • alpenchalet-walchensee.de • Kochel am See*

**11. GUT FEELING**
*Steinhaus & Holzhaus • gut-feeling.me • Oberaudorf*

**12. ALTES WALLBERGHAUS**
*Berghotel • wallberg-haus.de • Rottach Egern*

**13. DAS KRANZBACH**
*Hotel • daskranzbach.de • Krün*

**14. SCHLOSS ELMAU**
*Hotel • schloss-elmau.de • Elmau*

**15. TANNERHOF**
*Hotel • natur-hotel-tannerhof.de • 83735 Bayrischzell*

**16. ALMBAD SILLBERGHAUS**
*Hütte • almbad.de • 83735 Bayrischzell*

**17. HAUS HIRT**
*Hotel • www.haus-hirt.com • 5640 Bad Gastein • Österreich*

**18. PURADIES**
*Hotel • www.puradies.com • 5771 Leogang • Österreich*

**19. FORSTHOFGUT**
*Hotel • forsthofgut.at • 5771 Rein • Österreich*

KRANZBACH

BERGE

HEIMAT 1883

HEIMAT 1883

KRANZBACH

HAFNERLEITEN

KRANZBACH

HAIDL-MADL

KRANZBACH

*Die Muße scheint Lust, wahres Glück und seliges Leben in sich selbst zu tragen.*

– Aristoteles

HOFGUT HAFNERLEITEN

*„Die Details sind nicht die Details. Sie bilden das Design.“*

*– Charles Eames*

HIDE-AWAY:
Gut Feeling
Rosenweg 10 a+b, 83080 Oberaudorf

WANDERUNG & HIDE-AWAY:
Tegernseer Hütte
Berghaus 20, 83708 Kreuth

HIDE-AWAY:

## Haidl-Madl

Marchhäuser 2, 94145 Haidmühle

*„Träume, als lebtest du ewig – lebe, als stürbest du heute.“*

*– James Dean*

# 10. Besondere Lieblingsorte

Wo erlebt man den schönsten Sonnenuntergang von München? Was sind die schönsten Seen und die besten Orte zum Baden? Wo ist der romantischste Ort für ein Picknick? Wo findet man die schönsten Märkte? In welchen Straßen spürt man den unverwechselbaren Charakter von München am besten? Und welche Ausflüge aufs Land sind empfehlenswert? All das verraten wir hier.

*„Gib jedem Tag die Chance,*
*der schönste deines Lebens zu werden."*
– Mark Twain

## SEEN + BADEN

Walchensee

Achensee

Chiemsee

Deininger Weiher

Starnberger See
> Zum Fischmeister Ambach
*Seeuferstraße 31, 82541 Münsing*

Tegernsee

Ammersee
> Restaurant FISCHER
*Landsberger Straße 80, 82266 Inning am Ammersee*

Osterseen

Pilsensee

Schliersee

Naturbad Samerberg

## AUSFLÜGE

Tegernseer Hütte
*Berghaus 20, 83708 Kreuth*

Herzogstand
*Am Tanneneck 6, 82432 Walchensee*

Pähler Schlucht
*Pfaffenwinkel*

Zugspitze
*Olympiastraße 27 82467 Garmisch-Partenkirchen*

Sillberghaus
*Tiroler Straße 70, 83735 Bayrischzell*

Großer Ahornboden
*Risstal Landesstraße, 6215 Eng, Österreich*

Sylvensteinspeicher
*83661 Lenggries*

Gut Kerschlach
*Gut Kerschlach 1, 82396 Pähl*

## PLÄTZE

Wiener Platz

Gärtnerplatz

Nymphenburger Kanal

St.-Anna-Platz

Jüdisches Museum

Königsplatz

Röckelplatz

Rosengarten

## AUSBLICKE

**Salvatorgarage**
*Salvatorplatz 3*

**Olympiaberg**
*Spiridon-Louis-Ring 21*

**Bayrischer Hof**
*Promenadeplatz 2–6*

**Friedensengel**
*Prinzregentenstraße*

**Deutsches Museum**
*Museumsinsel 1*

**Café Vorhoelzer**
*Arcisstraße 21*

**Alter Peter**
*Rindermarkt 1*

**Luitpoldhügel**
*Brunnerstraße 2*

**Monopteros**
*Englischer Garten*

## LECKERBISSEN

**Leberkässemmel**

**Weißwurst**

**Döner**

**Gugl**

**Schmalznudel**

**Schnitzel**

**Haxn**

**Brezel**

**Obatzter**

**Fischsuppe**

## KINOS

**Museum Lichtspiele**
*Lilienstraße 2*

**Werkstattkino**
*Frauenhoferstraße 9*

**Arena Kino**
*Hans-Sachs-Straße 7*

**Monopol Kino**
*Schleißheimer Straße 127*

**Studio Isabella**
*Neureutherstraße 29*

**City Kino**
*Sonnenstraße 12a*

**Filmtheater Sendlinger Tor**
*Sendlinger-Tor-Platz 11*

**Gloria Palast**
*Karlsplatz 5*

# DANKE,

für's Kaufen, Lesen, Sich-inspirieren-lassen, Reisen und Entdecken mit diesem Reiseführer. Er wurde mit sehr viel Feldforschung, Liebe und Freude gestaltet.

Seit 2010 haben wir es uns mit NECTAR & PULSE zur Aufgabe gemacht, die schönsten Orte dieser Welt zu finden und mit neugierigen, reiselustigen und gleich gesinnten Menschen zu teilen. Aus dieser jahrelangen Recherche und Liebe zum Reisen ist eine große Schatzkiste aus Restaurants, Cafés, Shops, Hotels, Museen, Galerien, Seen, Bars und inspirierenden Local Soulmates entstanden. All diese Schätze findest du in unseren Guides. Und uns ist wichtig: Dies ist ein unabhängiger Reiseführer. Es wurden keine Bezahlungen entgegengenommen. Jeder Tipp wird ausschließlich empfohlen, weil er uns gefällt.

Auf unserer Website kann man sich zusätzlich Tipps von Local Soulmates downloaden und nach und nach produzieren wir mehr Guides gemeinsam mit der Süddeutsche Zeitung Edition. Unter anderem gibt es die Glücklich in ... Reihe bereits für München, Berlin, London, Paris, Schweden, Toskana und Island. Bei Fragen oder Anmerkungen schreib uns gerne.

Eine erfüllte Reise wünschen

Tanja & Christian

Mehr auf

*NECTAR & PULSE – nectarandpulse.com*
*Süddeutsche Zeitung Edition – szshop.sueddeutsche.de*
*verlagshaus24.de/gluecklich-in...-muenchen*

Instagram

*@nectarandpulse*
*@the.rooses*

Kontakt

*hello@nectarandpulse.com*

# Das Leben ist eine Reise

**Verantwortlich:** Claudia Hohdorf
**Idee & Redaktion:** Tanja Roos und Dr. Christian Roos
**Konzept, Recherche, Design:** Tanja Roos und Dr. Christian Roos
**Layout & Satz:** detailverliebt. Ulrike Poppe, Nachauflage: Elke Mader
**Lektorat:** Christian Kneise
**Aktualisierung 2021:** Birgit Guenther
**Karte/Infografik:** Julia Kraus, Eric Löffelmann, Anne Milachowski, Huber Kartografie
**Herstellung:** Bettina Schippel
Printed in Slovenia by Florjancic

★★★★★

**Sind Sie mit diesem Titel zufrieden? Dann würden wir uns über ihre Weiterempfehlung freuen.**
Erzählen Sie es im Freundeskreis, berichten Sie Ihrem Buchhändler, oder bewerten Sie bei Onlinekauf. Und wenn Sie Kritik, Korrekturen, Aktualisierungen haben, freuen wir uns über Ihre Nachricht an Süddeutsche Zeitung Edition, c/o Bruckmann Verlag GmbH, Postfach 40 02 09, D-80702 München oder per E-Mail an lektorat@verlagshaus.de

Unser komplettes Programm finden Sie unter www.verlagshaus24.de/sz-edition.de

Alle Angaben dieses Werkes wurden von den Autoren sorgfältig recherchiert und auf den neuesten Stand gebracht sowie vom Verlag geprüft. Für die Richtigkeit der Angaben kann jedoch keine Haftung übernommen werden, weshalb die Nutzung auf eigene Gefahr erfolgt. Insbesondere bei GPS-Daten können Abweichungen nicht ausgeschlossen werden. Sollte dieses Werk Links auf Webseiten Dritter enthalten, so machen wir uns die Inhalte nicht zu eigen und übernehmen für die Inhalte keine Haftung.
In diesem Buch wird aus Gründen der besseren Lesbarkeit das generische Maskulinum verwendet. Weibliche und anderweitige Geschlechteridentitäten werden dabei ausdrücklich mitgemeint, soweit es für die Aussage erforderlich ist.

**Local Soulmates:**
Saskia Diez, Gottfried Wallisch, Patrik & Bele Muff, Lea Rieck, Rahmée Wetterich, Sinah Diepold, Yasar & Susi Ceviker.

**Fotografie:**
NECTAR & PULSE – Tanja Roos und Christian Roos
Olga Löffler, Conny Mirbach, Oliver Soulas, Sigrid Reinichs, Fabian Frinzel, Attila Henning, Daniel Grund, Martin Penner, Celia Rogge, Antje Hanebeck, Kidkutmedia, Christian Hartmann & Ella Sinds, Andrea & Bernd Vordermeier, Verena Windorfer-Bogner, Jan Schünke, Lena Semmelroggen, Saskia Groneberg, Sebastian Kissel, Rodney Graham, Katja Strunz, Yayoi Kusana, Thomas Dashuber, Paul Ivic, Jörg Lehmann, Peter von Felbert, loveadesign, Christian Krinninger, Michael Dorn, Saja Seus, Thekengold, David Beger, Martin Fengel, Michael Sailstorfer, C. Zach, Gabriele Neeb, Florian Holzherr, Jorge Royan, Koopmann, Julia Schambeck, Daniel Grund, Martin Kreppel, David Kopplin, Benjamin Monn, Said Dokins, Fabian Frinzel, Marc Oeder, Ben Fuchs, Veganista

Die Deutsche Nationalbibliothek verzeichnet diese Publikation in der Deutschen Nationalbibliografie; detaillierte bibliografische Daten sind im Internet über http://dnb.d-nb.de abrufbar.

Die Originalausgabe erschien unter dem Titel „Glücklich in München“ in der Süddeutschen Zeitung GmbH © Süddeutsche Zeitung GmbH, München für die Süddeutsche Zeitung Edition 2019


ISBN 978-3-7343-2250-1

***„Es gibt keinen Weg zum Glück. Glücklichsein ist der Weg.“***

*– Buddha*